AF565972

Andreas Kolipost

Hamburg kostenlos
2

FSC
www.fsc.org
MIX
Papier aus ver-
antwortungsvollen
Quellen
Paper from
responsible sources
FSC® C105338

Andreas Kolipost

Hamburg kostenlos

Band 2
„Tipps und Tricks rund um Freizeit und Kultur"

Impressum

Bibliografische Information der Deutschen Nationalbibliothek:
Die Deutsche Nationalbibliothek verzeichnet diese Publikation in der Deutschen Nationalbibliografie; detaillierte bibliografische Daten sind im Internet über http://dnb.dnb.de abrufbar.

© 2020 Andreas Kolipost

Herstellung und Verlag: BoD – Books on Demand, Norderstedt

ISBN: 9783751970693

Inhaltsverzeichnis

Band 2 „Tipps und Tricks rund um Freizeit und Kultur"

Vorwort:

Ich freue mich, Ihnen die erste Auflage des Buches „Hamburg kostenlos“ vorstellen zu können.

In diesem Buch, aufgeteilt in vier Bände, finden Sie Hilfsangebote, Freizeitmöglichkeiten, Beratungsstellen und vieles mehr. Es werden besonders Menschen mit einem kleinen Einkommen angesprochen, also ALG II Empfänger, Menschen mit kleiner Rente (Grundrente), Berufstätige, die aufstocken müssen, Asylbewerber und alle, die sich angesprochen fühlen und mit wenig Geld auskommen müssen.
Im ersten Band stelle ich Ihnen einen Fundus aus dem Bereich „günstiges einkaufen“ vor.
Der zweite Band befasst sich mit den Angeboten rund um Freizeit und Kultur, sehr vieles davon kostenlos.
Der dritte Band konzentriert sich schwerpunktmäßig auf Hilfen und Unterstützungsangebote in Fällen von schwierigen Lebenssituationen.
Der vierte Band bietet besonders Obdachlosen oder von Wohnungsverlust betroffenen Menschen Unterstützungs- und Hilfsangebote an. Es gibt aber auch unabhängig davon Tipps rund um Gesellschaft, Reisen und interessanten Initiativen.

Bitte bedenken Sie:
Die Angebote in Hamburg sind umfangreich und vielseitig. Viele davon sind nur möglich durch ehrenamtliche Arbeit. Ein großes Dankeschön an all die ehrenamtlich engagierten Menschen, die so viel möglich machen. Hier und da handelt es sich um Projekte, die zeitlich begrenzt sind. Das heißt trotzt umfangreicher Recherche und der Bemühung um Aktualität, können sich die Angaben in dieser Broschüre schnell ändern.

Hinzu kommen die möglichen Einschränkungen der Angebote aufgrund der Corona-Krise. Machen Sie deshalb unbedingt von den Kontaktdaten Gebrauch, um sich bei Interesse über ein Angebot im Vorwege zu informieren und um festzustellen, ob das gewählte Angebot noch aktuell ist.
Ich wünsche Ihnen nun viele anregende Ideen für Ihren Alltag mit kleinem Geldbeutel.

Einleitung:

Was kann hilfreich sein, wenn Sie mit wenig Geld auskommen müssen?
Hier finden Sie ein paar Tipps dazu:

- Bedenken Sie, immer mehr Menschen in Hamburg sind in der gleichen Situation wie Sie.
- Verstecken Sie sich nicht, sprechen Sie mit anderen darüber.
- Führen Sie eine Zeit lang ein Haushaltsbuch und notieren Sie, wofür Sie Geld ausgeben.
- Achten Sie stets darauf, dass Ihre Miete, der Strom und das Telefon/der Internetzugang bezahlt sind, bevor Sie Ihr Geld anderweitig ausgeben
- Prüfen Sie alle Ausgaben auf ihre Notwendigkeit hin und reduzieren Sie diese, wenn möglich.
- Kaufen Sie grundsätzlich nur, was Sie auch wirklich brauchen. Lassen Sie sich nicht zu unnötigen Ausgaben verführen.
- Vermeiden Sie Schulden zu machen (Kontoüberziehung, Konsumentenkredite, etc.), da es mit wenig Geld schwerfällt, diese wieder abzubezahlen und die Zinsen einen „auffressen" können.
- Legen Sie zu Beginn des aktuellen Monats fest, was Sie nach Abzug aller festen Kosten tatsächlich als Budget übrig haben, mit dem Sie die nächsten 30 Tage haushalten müssen.
- Teilen Sie dieses Geld in Teilbeträge ein.
- Versuchen Sie, so irgend möglich, Rücklagen für unvorhergesehene Ausgaben zu bilden.
- Gönnen Sie sich und Ihrer Familie, Ihren Angehörigen hin und wieder ein schönes Erlebnis. Hamburg bietet vieles, was wenig oder gar nichts kostet.
- Planen Sie nötige Anschaffungen, sprechen Sie mit vielen Leuten darüber. Manchmal ergibt es sich, dass diese

Menschen genau das abzugeben haben, was Sie suchen.
- Versuchen Sie mit der Tatsache wenig Geld zu haben positiv umzugehen und sprechen Sie nicht negativ darüber.
- Überprüfen Sie Ihre Wünsche. Ist eine Anschaffung wirklich wichtig? Gibt es Alternativen oder lässt sich diese Anschaffung noch verschieben?
- Nutzen Sie so viele Informationsquellen wie möglich, um sich über kostenlose Angebote oder Veranstaltungen für wenig Geld zu informieren.
- Nehmen Sie gerne die Ferienangebote für Kinder, Jugendliche und Senioren der Stadt Hamburg in Anspruch
- Lassen Sie sich von den Angeboten dieser Broschüre inspirieren und ergänzen Sie diese durch eigene Ideen.

Und nun wünsche ich Ihnen viel Spaß beim Stöbern!

"Tipps und Tricks rund um Freizeit und Kultur"

„Kulturlotse"

Kultur kostenlos
Täglich Kultur!
Jeden Tag finden Sie hier etwa 100 kostenlose Kulturveranstaltungen, die der Verein für Sie ins Internet stellt. Die Veranstaltungen werden kurz vorgestellt und die Anreise per HVV erläutert. Mit der Umkreissuche lässt sich gezielt nach Angeboten in Wohnortnähe suchen. Auch barrierefreie Veranstaltungen sind hier schnell gefunden.
https://www.kulturlotse.de/

Bei den beschriebenen drei Kulturvermittlern sind folgende Voraussetzungen für deren Inanspruchnahme zu erfüllen:

1. Erster Wohnsitz in Hamburg
2. Geringes Monatseinkommen: Für 2020 liegt die Einkommensgrenze bei 1100 Euro (Single- Haushalt) bzw. 1470 Euro (2-Personen-Haushalt) + 300 Euro für jedes im gemeinsamen Haushalt lebende Kind

Kulturleben Hamburg

Mit Hilfe des Vereins Kulturleben können Menschen kostenlos an hochwertigen Kulturveranstaltungen teilnehmen.
Ein Konzert besuchen, gemeinsam ins Theater oder ins Kabarett gehen – was für viele selbstverständlich klingt, können sich immer mehr Menschen nicht mehr leisten, nämlich Kultur live erleben.

Als KulturGast können Sie bis zu zwei kostenlose Eintrittskarten erhalten und die Veranstaltung gemeinsam mit einer Begleitung Ihrer Wahl besuchen. Vermittelt werden Eintrittskarten für Theater, Tanz, Oper/Klassik, Musik, Museen und vieles mehr. Wer sich angemeldet hat, erhält alle sechs bis acht Wochen telefonisch Vorschläge zu den Kulturveranstaltungen und kann sich entscheiden, welche er besuchen möchte. Bei Bedarf gibt es auch Angebote für barrierefreie Kulturveranstaltungen.
Neu ist der Kulturclub für Kinder. Hier werden kostenfreie Plätze für Kinder-Kulturveranstaltungen vermittelt und zwar an Kinder bis zu zwölf Jahren und ihre Familien. Die Eintrittskarten werden von Hamburger Kulturveranstaltern kostenlos zur Verfügung gestellt. Eine Anmeldung mit Einkommensnachweis ist bei gewünschter Teilnahme notwendig. Das Anmeldeformular findet sich auf der Homepage.
https://www.kulturleben-hamburg.de/kulturklub/

Neuer Kamp 31
(Rindermarkthalle St. Pauli, Treppenhaus D)
20359 Hamburg

Montag-Freitag 14:30 – 17:30 Uhr

0800 / 0180 150

040 / 180 495 11

info@kulturleben-hamburg.de

https://www.kulturleben-hamburg.de/

Quelle: https://pixabay.com

Kulturistenhoch2

Das Angebot richtet sich an alle Mitbürger ab 63 Jahren mit kleinem Einkommen.
Es handelt sich um ein Generationenprojekt in Kooperation mit Schulen und KulturLeben e.V. und ist speziell gedacht für Senioren mit kleiner Rente. Sie können regelmäßig und kostenlos gemeinsam mit jungen Menschen aus Ihrem Stadtteil die vielfältige Kultur Hamburgs erleben.

Anmeldung in der Geschäftsstelle:

Alexanderstr. 32
20099 Hamburg (St. Georg)

040 / 46 08 45 35

Dienstag-Donnerstag 10:00 – 12:30 Uhr (persönlich)
Montag und Donnerstag 14:00 – 18:00 Uhr (telefonisch)

post@kulturisten-hoch2.de

https://kulturisten-hoch2.de/

Hamburger Kulturschlüssel

Mit dem Hamburger Kulturschlüssel erleben Menschen mit körperlichen Einschränkungen und Senioren mit kleiner Rente, in Begleitung und kostenlos, Kultur. Wer nur ungern alleine ins Theater oder zu einer Musikveranstaltung geht, findet hier eine kulturinteressierte Begleitperson. Das Projekt von Leben mit Behinderung e.V. fördert Inklusion und ermöglicht damit Kulturzugang.

Südring 36
22303 Hamburg

040 / 270 790 601

040 /270 790 048

Dienstag-Donnerstag 12:00 – 14:00 Uhr

kulturschluessel@lmbhh.de

https://www.hamburger-kulturschluessel.de/
https://www.hamburger-kulturschluessel.de/leichte-sprache.html

Kultur im Koffer

Das Projekt der Evangelischen Kirche in Hamburg ist ein kostenloses Angebot für Menschen, die Ihre Wohnung nicht mehr verlassen können, um an kulturellen Veranstaltungen teilzunehmen. Mit dem Koffer werden auch Seniorengruppen besucht. Ehrenamtliche Mitarbeiter bestücken den Koffer passend zum vorher in Absprache gewählten Thema und kommen damit ins Haus.

Fachstelle „Leben im Alter"
Rockenhof 1
22359 Hamburg

☎ 040 / 519 000-827 oder -915
@ kontakt@kultur-im-koffer-hamburg.de
https://kultur-im-koffer-hamburg.de

Quelle: https://pixabay.com

InKultur und TheaterGemeinde Hamburg

Es handelt sich um zwei große Theaterorganisationen. Beide haben eine vielfältige Auswahl an Abonnements für Theaterbesuche, Oper und Musikveranstaltungen in ihrem Angebot.
In Zusammenarbeit mit dem Landes-Seniorenbeirat bietet inkultur zudem vier spezielle Abonnements mit jeweils vier Vorstellungen an:
Musik am Nachmittag, Theater am Nachmittag, Theater am

Abend und bunt gemischt am Nachmittag.
Diese Abonnements (zum Jahrespreis von 106 Euro) können auch vierteljährlich bezahlt werden.

InKulur
Graumannsweg 31
22087 Hamburg

040 / 22 700 666

service@inkultur.de

https://inkultur.de

Montag-Mittwoch 09:00-16:00 Uhr
Donnerstag 09:00-18:00 Uhr
Freitag 09:00-14:00 Uhr

TheaterGemeinde Hamburg
Ida-Ehre-Platz 14
22095 Hamburg

040 / 30 70 10 70

info@theatergemeinde-hamburg.de

https://theatergemeinde-hamburg.de

Montag-Freitag 13:00 – 19:00 Uhr

Kunstmeilenpass für 5 Museen

Dieser Pass ist immer ein Jahr gültig und berechtigt zum jeweils einmaligen Besuch folgender Museen: **Bucerius Kunst Forum, Deichtorhallen, Hamburger Kunsthalle, Museum für Kunst und Gewerbe, Kunstverein.** Das schließt auch Sonderausstellungen mit ein. Kinder und Jugendliche bis 18 Jahre haben immer freien Eintritt.

Gegen Vorlage der Sozialkarte oder bei Grundsicherungsbezug ist der ermäßigte Kunstmeilenpass zu 22 Euro in jedem der fünf Museen erhältlich. Ohne Ermäßigung kostet der Kunstmeilenpass regulär 36 Euro, ebenfalls ein Jahr gültig.
Neu ist der Kunstmeilenpass flat. Sie haben mit diesem Pass an drei Folgetagen unbegrenzten Zutritt zu allen fünft oben genannten Museen. Der reguläre Preis beläuft sich auf 25 Euro, ermäßigt 19 Euro. Auch hier gilt Kinder und Jugendliche unter 18 Jahren profitieren von einem freien Eintritt.

☎ 040 / 325 079 94
@ info@kunstmeile-hamburg.de
https://kunstmeile-hamburg.de/

Jahreskarte Historische Museen

Mit dieser Jahreskarte lassen sich sieben Museen für 48 Euro ein Jahr lang besuchen und das bei unbegrenztem Eintritt zu allen Öffnungszeiten.
Zu den angeschlossenen Museen gehören: **Altonaer Museum, Museum für Hamburgische Geschichte, Museum der Arbeit, Jenisch Haus, Hafenmuseum Hamburg, Speicherstadtmuseum, Kramer-Witwen-Wohnung.**
Die Jahreskarte erhalten Sie in jedem der genannte Museen.

✉ Stiftung Historische Museen Hamburg
Holstenwall 24
20355 Hamburg
@ info@shmh.de
https://shmh.de/de/jahreskarte

Kulturladen St. Georg e.V.

Der Kulturladen St. Georg e.V. ist ein Stadtteil- und Kommunikationszentrum. Das umfangreiche Veranstaltungs- und Kursprogramm wendet sich in erster Linie an die internationale Bevölkerung St. Georgs und Umgebung, ist aber ebenso offen für alle anderen Interessierten. Der Kulturladen wird von mehr als 70 Gruppen regelmäßig genutzt, um gemeinsam Musik zu machen, Theater zu spielen, zu tanzen, zu diskutieren, sich zu informieren und sich gegenseitig zu unterstützen. Viele Aktivitäten sind interkulturell ausgerichtet, wie z.B. die selbstinitiierten Projekte.

Im Eingangsbereich befindet sich ein kleines Café, in dem man sich mit anderen treffen, die monatlich wechselnden Ausstellungen betrachten, Leute kennen lernen und viele Informationen beziehen kann. In den Veranstaltungen treten sowohl Nachwuchstalente als auch professionelle Künstler auf.

Programm:

- an jedem zweiten Samstag im Monat gibt es Jazzkonzerte mit besonderem Ambiente: die Jazzmeile
- an jedem vierten Freitag im Monat findet ein Weltmusik-Konzert statt
- einmal im Monat gibt es Programme für Kinder - Theater, Lesungen und Mitmachaktionen
- einmal im Monat findet das Nachbarschaftscafé für Ältere mit kulturellem Inhalt statt
- Für Kinder und Jugendliche gibt es mittwochs den Chor für Kinder und am Wochenende das Mandolinenorchester.
- Im August findet alle Jahre wieder das Openairkino auf dem Hansaplatz und das Sommertheater im Innenhof der St. Georgs Kirche statt. Die nächste Spielzeit ist voraussichtlich der August 2021. Die genauen Termine werden per Flyer oder auf der Homepage zeitnah bekannt gegeben.

Die Theaterkarten kosten regulär 14€, ermäßigt 9€ (Schüler, Studenten, FSJler, Schwerbehinderte, Erwerbslose und Inhaber der Hamburger Sozialkarte).
Wer sich also einen preiswerten Theaterabend erleben möchte, ist hier gut aufgehoben.

🖂	Kulturladen St. Georg e.V. Alexanderstr. 16 20099 Hamburg
🕓	Bürozeiten: Montag-Donnerstag 10:00-13:00 Uhr 14:00-20:00 Uhr

	Cafeteria: Montag-Donnerstag 10:00 - 21.30 Uhr Freitag 10:00-13:00 Uhr 16:00-21:30 Uhr Sonntag 15:00-19:00 Uhr
i	Tel. 040 / 280 548 62/3 Mail:info@kulturladen.com Homepage: https://www.kulturladen.com https://www.sommertheater-hamburg.de

Bürgertreff Altona – Mit Bühne im Bürgertreff (BiB)
Der Bürgertreff Altona-Nord ist ein Stadtteilzentrum mit Kultur- und Bildungsangeboten. Hier finden Sie einen Treffpunkt für Initiativen, Freizeit- und Selbsthilfegruppen. Der Bürgertreff Altona ist ein Ort für Austausch und Ideenentwicklung sowie ein Veranstaltungsort für Musik, Theater, Tagungen, Seminare, Feste und Feiern. Jeder ist willkommen und eingeladen das Haus zu nutzen, unabhängig von Alter, Geschlecht und Herkunft.
Die Pflege einer guten Nachbarschaft, die Schaffung von Kontaktmöglichkeiten und das Engagement für kulturelle und soziale Projekte im Stadtteil gehören zur Arbeit des Bürgertreffs Altona.
Mit all den Angeboten möchte der Treff dazu beitragen, die Lebensqualität im Stadtteil zu verbessern.
Denn Altona-Nord ist durch große Straßenzüge zerschnitten und bietet daher städtebaulich kaum Identifikationsmöglichkeiten für die Bewohner.

Die Besucher sollen sich hier wohl fühlen. Ein respektvoller Umgang untereinander, Toleranz, Freundlichkeit und Hilfsbereitschaft sind im Bürgertreff selbstverständlich.
Zum Service gehören Beratung, transparente Konditionen, gute Organisation, Verbindlichkeit, Flexibilität und eine umfassend Öffentlichkeitsarbeit - nicht nur für die eigenen Angebote, sondern auch für Gruppen und Initiativen, die sich im Bürgertreff versammeln, für Kooperationspartner und Stadtteilprojekte.
Die Angebote werden regelmäßig an die Nachfrage angepasst. Sie sind preisgünstig, etliche auch kostenlos. Durch gute Kontakte im Stadtteil kann bei vielen Fragen mit Rat und Tat weitergeholfen werden.
Folgende Angebote bietet der Bürgertreff Altona:

- Seniorenausflüge
- unterschiedliche Kulturprojekte, wie Kino und Theater, geselliges Beisammensein, etc.
- Stadtteilforen (ca. zweimal im Jahr)
- Stadtteilzeitung („im blick“, erscheint einmal im Quartal)
- Kurse und Workshops
- Gruppentreffs
- Beratungs- und Hilfsangebote unterschiedlicher Art
- Räume zur Anmietung für Feste, Kontakt und Freizeit
- eine eigene Theaterbühne mit Laienschauspielern
- Flohmarkt

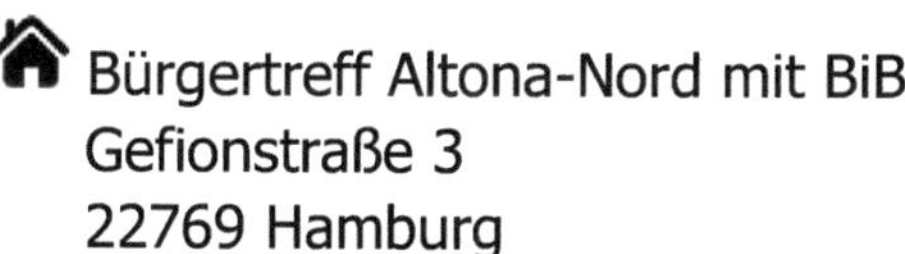

Bürgertreff Altona-Nord mit BiB
Gefionstraße 3
22769 Hamburg

040 / 42 10 26 81 (Bürgertreff)
040 / 42 10 26 82

040 / 42 10 27 10 (BiB-Bühne und Vorverkauf)

buergertreff@altonanord.de

https://buergertreff-altonanord.de/

Montag und Freitag: 10:00-13:00 Uhr
Dienstag und Donnerstag: 14:00-18:00 Uhr

des Bürgertreffs
Montag-Freitag 10:00-22:00 Uhr

Quelle: https://pixabay.com

Lenzsiedlung e.V.

Das Bürgerhaus

Das soziale Zentrum der Lenzsiedlung ist das Bürgerhaus. Träger ist der gemeinnützige Verein Lenzsiedlung e.V. Als Bewohnerverein entstanden, organisiert er seit mehr als 35

Jahren soziale und kulturelle Angebote im Quartier nach dem von ihm entwickelten sogenannten „6B-Prinzip“:
Bildung – Beratung – Begegnung – Betreuung – Beschäftigung – Bürgerliches Engagement

Die Aufgaben der Einrichtung werden getragen durch einen Kooperationsverbund mit regionalen Initiativen, Arbeitsgemeinschaften und weiteren Projekten, die sich gemeinsam für verbesserte Lebens- und Versorgungsbedingungen im Stadtteil Eimsbüttel engagieren.

Alles zusammen erhöht die Lebensqualität des Quartiers Lenzsiedlung und trägt zum friedlichen Miteinander und gelingendem Zusammenleben bei.

Zur Verfügung stehen ein großer Saal für kulturelle Veranstaltungen aller Art, ein Seminarraum, ein voll ausgestatteter Computerraum, ein Beratungsbüro und eine Werkstatt.
In den ehemaligen Räumlichkeiten des Vereins ergänzt das Stadtteilcafé „Veronika“ mit seiner Lehrlingsgastronomie die Möglichkeiten um einen Treffpunkt, der mittlerweile sehr gut angenommen wird und einladenden Zugang zum Bürgerhaus bietet. Das größere Raumangebot und zunehmendes multifunktionales Inventar bieten ein großes Potential für die Menschen im Quartier, ein verlässliches soziales Zentrum mit vielen Möglichkeiten nutzen zu können. Aufgrund von Corona ist die eine oder andere Veranstaltung noch nicht oder nur eingeschränkt möglich, bitte erkundigen Sie sich vorher per Telefon

Monika Blaß
Julius-Vosseler-Str. 193
22527 Hamburg

040 / 43 09 67-13
buergerhaus@lenzsiedlungev.de
www.lenzsiedlung.de/
http://www.lenzsiedlung.de/category/angebote/
(alle Angebote im Überblick)

Beratungsangebote im Bürgerhaus:

Was?	Wann?	Wo?	Kontakt
Sozialberatung	Dienstag und Donnerstag 10:00-12:00 Uhr und 14:00-16:00 Uhr	Stadtteilladen Eimsbüttel Hellkamp 56 20255 Hamburg	040 / 43 09 67 13
Al-Anon Familien-gruppe	Montag 19:00-21:00 Uhr	Julius-Vosseler-Str. 110a 22527 Hamburg	0201 / 77 30 07
DRK-Senioren-beratung	Donnerstag 14:00–15:00 Uhr	Salon im Bürgerhaus	Thora Rugenstein 040 / 43 09 67-13
Finanz-coaching/	1. Dienstag im Monat	Beratungs-büro 1.OG	afg-schuldner-beratung

Schuldner-beratung	14:00–16:00 Uhr		Mark Schmidt-Medvedev 040 / 43 09 67-47 040 / 43 09 67-13
Job Café Beratung und Bewerbungs-training für Praktikum, Ausbildung, Arbeit	Donnerstag 15:30-17:30 Uhr	Beratungs-büro und Computer-club	Anja Gogol 040 / 43 09 67-17 040 / 43 09 67-13
Schwangeren beratung	2. Dienstag im Monat 09:00–12:00 Uhr	Beratungs-büro 1.OG	SkF e.V. Hamburg Altona Britta Maihofer 040 / 43 09 67-47 040 / 43 09 67-13

Fortlaufendes Kursangebot im Bürgerhaus:

Monika Blaß

040 / 43 09 67 – 13,

@ buergerhaus@lenzsiedlungev.de

Tai Chi Kurs für Senioren
Montag 10:00-11:30 Uhr
Saal 1+2, Bürgerhaus
Leitung: Frau Qiuping Wang

Tanzen für Alt und Jung
Montag und Dienstag 14:30-16:00 Uhr
Saal, Bürgerhaus
Leitung: Frau Claudia Pufahl

Naju Kindergruppe Eimsbüttel
Montag 16:00-18:00 Uhr
jeden ersten und zweiten Montag im Monat
Seminarraum im Bürgerhaus

„Gute Laune Chor"
Dienstag 11:00-12:30 Uhr
Saal, Bürgerhaus
Leitung: Wolfgang Reisberg

Frühstück mit interessanten Gästen
jeden ersten Mittwoch im Monat von 10:00-13:00 Uhr
Bürgerhaus
Kostenbeteiligung 3,50 €

Deutschkurs für Frauen
Dienstag 14:15-16:45 Uhr
Bürgerhaus, Seminarraum, 1.OG
Leitung: Frau Evelyn Grunow

Lenz Dance Mädchentanzgruppe
Mittwoch 18:15-19:30 Uhr
Donnerstag 16:30-17:30 Uhr
Freitag 17:00-18:30 Uhr
Saal 1+2, Bürgerhaus
Leitung: Jasmine Kock

NABU
jeden ersten Mittwoch im Monat 19:00-22:00 Uhr
Seminarraum, Bürgerhaus
Tango Argentino
Mittwoch 20:00-22:00 Uhr
Donnerstag auf Anfrage
Saal 1+2, Bürgerhaus
Leitung: Frau Kielau

„Die Lenzlerchen" Singkreis Volkslieder
Donnerstag 11:15-12:45 Uhr
Salon, Bürgerhaus
Leitung: Frau Julia Kossmann

Fortlaufende allgemeine Angebote im Bürgerhaus:
Monika Blaß
040 / 43 09 67 – 13,
buergerhaus@lenzsiedlungev.de

Kinderkleiderstube
Dienstag und Freitag 10:00-13:00 Uhr
Treffpunkt: Julius-Vosseler-Str. 110a, Verein Hilfe für das Leben

Treffen, Kochen, Essen und Deutsch lernen
Donnerstag 18:00-21:00 Uhr
Leitung: Anne Thaker (bitte anmelden)
Treffpunkt für Eltern und Kinder

Freitag 10:00-12:00 Uhr
Kinderclub

Kreativ Café, Offenes Angebot
Freitag 15:00-18:00 Uhr
Seminarraum, 1.OG, Bürgerhaus
Leitung: Mareike Brun

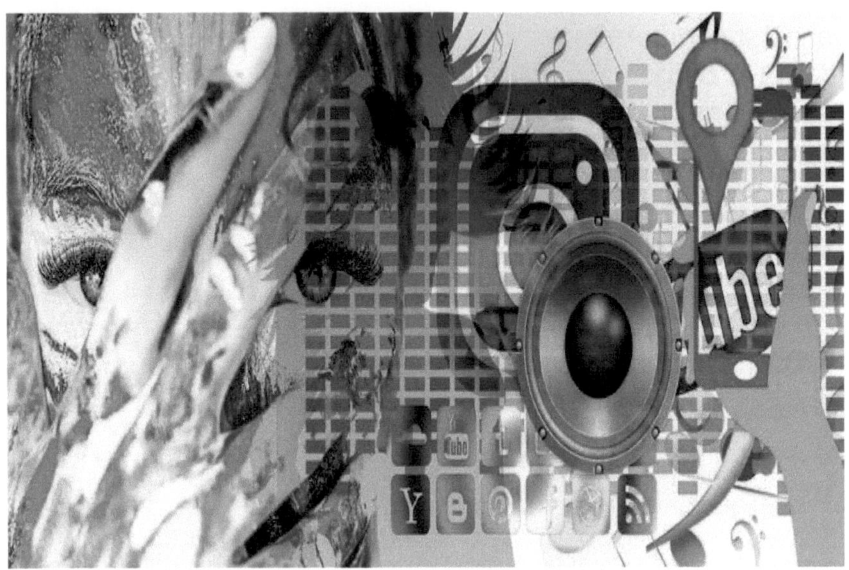

Quelle: https://pixabay.com

Geförderte Stadtteilkulturzentren

Hier finden Sie die Kontaktdaten der Stadtteilkulturzentren, die aus Mitteln der Behörde für Kultur und Medien gefördert werden. Das Angebot reicht von Kultur, Workshops, Gruppenaktivitäten und vielem mehr, meist kostenlos oder gegen einen kleinen Unkostenbeitrag. Das Angebotsspektrum ist so vielfältig und würde den Rahmen dieses Buches sprengen, deshalb die Bitte an Sie:
Erkundigen Sie sich selbst über das jeweilige aktuelle Angebot über die unten angegebenen Kontaktdaten.

BEZIRK ALTONA

GWA St. Pauli

✉ Hein-Köllisch-Platz 11 + 12
20359 Hamburg

☎ 040 / 410 9887 39 (Raumanfragen) und 040 / 319 36 23 (allgemein)

@ info@gwa-stpauli.de

http://www.gwa-stpauli.de/startseite.html

Bürozeiten:
Montag-Donnerstag 15:00-18:00 Uhr
Raumanfragen:
Freitag 14:00-17:00 Uhr

Haus Drei

✉ Hospitalstraße 107
22767 Hamburg

☎ 040 / 38 89 98

@ info@haus-drei.de

https://haus-drei.de/

Motte - Verein für stadtteilbezogene Kultur- und Sozialarbeit e.V.

✉ Eulenstraße 43
22765 Hamburg

☎ 040 / 39 92 62 – 0

@ info@diemotto.de

https://www.diemotte.de/de/

Bürozeiten:
Dienstag-Donnerstag 10:00-12:00 Uhr

Stadtteilkulturzentrum Lurup
Böverstland 38
22547 Hamburg
040 / 280 55 553
stadtteilhaus@unser-lurup.de
https://www.stadtteilhaus-lurup.de/

BEZIRK BERGEDORF

Lola
Lohbrügger Landstraße 8
21031 Hamburg
040 / 7 24 77 35
info@lola-hh.de
http://www.lola-hh.de
Bürozeiten:
Montag, Dienstag, Donnerstag 15:00-19:00 Uhr
Mittwoch 10:00-13:00 Uhr

BEZIRK EIMSBÜTTEL

Bürgerhaus Eidelstedt
Alte Elbgaustraße 12
22523 Hamburg
040 / 5 70 95 99
info@ekulturell.de
https://www.ekulturell.de/
Bürozeiten:
Montag-Freitag 10:00-12:00 Uhr

Dienstag und Donnerstag 15:00-18:00 Uhr

Freizeitzentrum Schnelsen
Wählingsallee 16
22459 Hamburg
040 / 5 59 24 34
mail@fz-schnelsen.de
https://www.fz-schnelsen.de/
Bürozeiten:
Montag-Freitag 10:00-12:00 Uhr
Montag, Mittwoch, Donnerstag 17:00-19:00 Uhr und nach Vereinbarung

BEZIRK HAMBURG-MITTE

Honigfabrik
Industriestraße 125-131
21107 Hamburg
Bezirk: Hamburg-Mitte
040 / 4 21 039 - 10
https://jim.honigfabrik.de
Büro & Management:
schulz.b@honigfabrik.de
giese.t@honigfabrik.de
Bürozeiten:
Dienstag-Freitag 10:00-13:00 Uhr und 14:00-16:00 Uhr

Kulturladen Hamm
Carl-Petersen-Straße 76
20535 Hamburg
040 / 18 15 14 92

kulturladen@hh-hamm.de
http://www.hh-hamm.de/
Öffnungszeiten:
Montag, Mittwoch, Donnerstag 15:00-19:00 Uhr

Kulturpalast Hamburg
Öjendorfer Weg 30 A
22119 Hamburg
040 / 822 45 68 – 0
info@kph-hamburg.de
https://www.kph-hamburg.de/
Öffnungszeiten:
Montag-Freitag 09:00-20:00 Uhr

BEZIRK HAMBURG-NORD

Bürgerhaus Hartzlohplatz
Lorichstraße 28 A
22307 Hamburg
040 / 6 30 40 00
hallo@buergerhaus-in-barmbek.de
http://www.bürgerhaus-barmbek.de/
Öffnungszeiten:
Bürgerhaus:
Montag-Donnerstag 15:00-23:00 Uhr
Freitag-Sonntag eine Stunde vor Veranstaltungsbeginn
Café:
Montag-Donnerstag 15:00-23:00 Uhr
Freitag-Sonntag eine Stunde vor Veranstaltungsbeginn
Büro:

Montag, Dienstag und Donnerstag 15:00-19:00 Uhr

Goldbekhaus

🖂 Moorfuhrtweg 9
22301 Hamburg

☎ 040 / 27 87 02 – 10

@ info@goldbekhaus.de

💻 https://www.goldbekhaus.de/

Kulturpunkt Barmbek-Basch

🖂 Wohldorfer Straße 30
22081 Hamburg

☎ 040 / 519 00 80 55

@ info@barmbek-basch.info

💻 https://barmbek-basch.info/

Kulturhaus Eppendorf

🖂 Martinistraße 44a
20251 Hamburg

@ info@kunstklinik.hamburg

💻 https://www.kulturhaus-eppendorf.de/
Bürozeiten:
Montag, Dienstag und Donnerstag
11:00-13:00 Uhr und 14:00-16:00 Uhr

Zinnschmelze

🖂 Maurienstraße 19
22305 Hamburg

☎ 040 / 231 88 555

@ info@zinnschmelze.de

💻 https://zinnschmelze.de/

Bürozeiten: Mittwoch 12:00-15:00 Uhr
Donnerstag und Freitag 13:00-18:00 Uhr

BEZIRK HARBURG

Alles wird schön – Kunst und Kultur

Friedrich Naumann Straße 27
21075 Hamburg
040/ 7 66 60 49
https://alles-wird-schoen-e-v.de/
Bürozeiten:
Dienstag-Freitag 14:00-18:00 Uhr oder nach Vereinbarung

Kulturhaus Süderelbe

Am Johannisland 2
21147 Hamburg
040 / 79 67 222
info@kulturhaus-suederelbe.de
https://www.kulturhaus-suederelbe.de/
Bürozeiten:
Montag-Freitag 10:00-17:00 Uhr

Kulturwerkstatt Harburg

Kanalplatz 6
21079 Hamburg
040 / 76 52 613
040 / 76 75 45 06
info@kulturwerk-harburg.de
www.kulturwerkstatt-harburg.de/

Bürozeiten:
Montag und Mittwoch 16:00-19:00 Uhr

BEZIRK WANDSBEK

AGDAZ Steilshoop

✉ Gropiusring 43a
22309 Hamburg
☎ 040 / 630 10 28
@ info@agdaz.de
https://www.agdaz.de/
Bürozeiten:
Montag 16:00-18:00 Uhr, Donnerstag 10:30-13:30 Uhr
Freitag 16:00-18:00 Uhr
Cafeteria:
Montag-Freitag 17:00-22:00 Uhr
bis 23:00 Uhr bei Veranstaltungen

Begegnungsstätte Bergstedt

✉ Bergstedter Chaussee 203
22395 Hamburg
☎ 040 / 604 02 49
@ info@kultberg.de
https://kultberg.de/
Bürozeiten:
Montag und Mittwoch 15:00-18:00 Uhr
Donnerstag und Freitag 10:00-12:00 Uhr

Bramfelder Kulturladen

✉ Bramfelder Chaussee 265

22177 Hamburg
☎ 040 / 642 170 – 0
@ info@brakula.de
https://www.brakula.de/
Bürozeiten:
Montag-Freitag 16:00-19:00 Uhr

Bürgerhaus in Meiendorf e.V.
✉ Saseler Straße 21
22145 Hamburg
☎ 040 / 678 91 22 (Büro)
und 040 / 668 531 46 (Vermietung)
@ kontakt@bim-hamburg.de
vermietung@bim-hamburg.de
https://bim-hamburg.de/
Öffnungszeiten:
Montag-Freitag 09:00-22:00 Uhr
Bürozeiten:
Dienstag 11:00-13:00 Uhr
Mittwoch und Donnerstag 15:00-17:00 Uhr

Freie Kulturinitiative Jenfeld
✉ Jenfelder Tannenweg 10
22045 Hamburg
☎ 040 / 66 11 93
040 / 668 13 56
@ quadriga.ggmbh@quadriga-hamburg.de
https://www.quadriga-hamburg.de/

Kulturzentrum Wandsbek e.V.
✉ Königsreihe 4

22043 Hamburg
☎ 040 / 68 28 54 55
@ kontakt@kulturschloss-wandsbek.de
http://www.kulturschloss-wandsbek.de/

Sasel-Haus

✉ Saseler Parkweg 3
22393 Hamburg
☎ 040 / 601 716 – 0
040 / 601 716 - 17
@ info@saselhaus.de
https://www.sasel-haus.de/
Bürozeiten:
Montag-Donnerstag 09:00-16:00 Uhr

Quelle: https://pixabay.com

Hamburger öffentliche Bücherhallen

In den Hamburger öffentlichen Bücherhallen (36 Standorte) haben Sie die Möglichkeit Bücher, Zeitungen, Zeitschriften, Spiele, Videos, DVDs und CDs auszuleihen. Selbstverständlich können Sie die Printerzeugnisse auch dort in Ruhe lesen. In einigen Standorten werden in unregelmäßigen Abständen Veranstaltungen wie Lesungen für Kinder und Erwachsene angeboten. Beliebt bei den Kindern ist das Bilderbuchkino. Die 36 Standorte der öffentlichen Bücherhallen, sowie deren Öffnungszeiten finden Sie auf der Internetseite

💻 *https://www.buecherhallen.de/standorte.html*

🏠 Zentralbibliothek Hamburg
Hühnerposten 1
20097 Hamburg

☎ 040 / 42 60 60

@ zentralbibliothek@buecherhallen.de

💻 https://www.buecherhallen.de/

Die Leihgebühren finden Sie detailliert hier aufgelistet. (Stand September 2020)

Art der Karte	Bezahlung (jährlich)	Lastschrift (jährlich)
Kinder 0-8 Jahre Ausleihe aller Kindermedien gem. JuSchG für Kinderbestand und Noten Ausleihmaximum: **15 Medien +**	5,00€	3,00€

e Medien (maximal 3 DVD oder Blu-ray / 3 Konsolenspiele)		
Kinder und Jugendliche 0-17 Jahre mit Berechtigung nach dem Bildungs- und Teilhabepaket Nachweis erforderlich: SGB II, SGB XII, Wohngeld, Kinderzuschlag, §2 AsylbLG, §3 AsylbLG	kostenlos	
Kinder + Jugendliche 9-17 Jahre Ausleihe aller Medien gem. JuSchG (Kinder- und Erwachsenenbestand) Ausleihmaximum: **30 Medien + e Medien** (maximal 5 DVD oder Blu-ray / 5 Konsolenspiele)	8,00€	6,00€
Erwachsene 18-26 Jahre Ausleihe aller Medien Ausleihmaximum: **70 Medien + e Medien** (maximal 10 DVD oder Blu-ray / 10 Konsolenspiele)	20,00€	15,00€
Erwachsene ab 27 Jahre Ausleihe aller Medien Ausleihmaximum: **70 Medien + e Medien** (maximal 10 DVD oder Blu-ray / 10 Konsolenspiele)	45,00€	40,00€
Erwachsene ab 27 Jahre ermäßigt Nachweis erforderlich: Schüler,	20,00€	-

Auszubildende, Studierende, BFD, FSJ etc., Leistungsempfänger nach SGB II (ALG II) und SGB XII, Aufenthaltsgestattung, Aufenthaltstitel, Duldung, Ankunftsnachweis/BüMA, ggf. Meldebestätigung Ausleihe aller Medien Ausleihmaximum: **70 Medien + e Medien** (maximal 10 DVD oder Blu-ray / 10 Konsolenspiele)		
Starter Für Neukunden **einmalig** mit Berechtigung für eine ermäßigte Kundenkarte Nachweis erforderlich: Schüler, Auszubildende, Studierende, BFD, FSJ etc., Leistungsempfänger nach SGB II (ALG II) und SGB XII, Aufenthaltsgestattung, Aufenthaltstitel, Duldung, Ankunftsnachweis/BüMA, ggf. Meldebestätigung Ausleihe aller Medien Ausleihmaximum: **5 Medien + eMedien**	sechs Monate 5,00€	
Tageskarte (nur einen Tag gültig) Ausleihe aller Medien **/** Ausleihmaximum: **1x3 Medien + e Medien**	3,00€	

Anmeldegebühr (ab 18 Jahren) einmalig für **alle** Karten	1,00€
Ersatzkarte für alle Kundengruppen	3,00€

Die Kundenkarte ist nicht übertragbar. Das Ausstellen einer Kundekarte kostet für Erwachsene einmalig einen Euro. Wenn die Kundekarte verloren geht und ersetzt werden muss, sind drei Euro fällig.
Zur Ausstellung einer Kundekarte bringen Sie bitte folgende Unterlagen mit: Personalausweis oder Pass mit Meldebescheinigung, bei Antragstellern unter 14 Jahren die Einwilligung eines Erziehungsberechtigten (Formular im Internet oder in jeder Bücherhalle).
Mit einer gültigen Kundenkarte können Sie kostenlos das Internet nutzen.

Versäumnisgebühren pro Öffnungstag und je Medieneinheit

Gebühr	**Erwachsene ab 18 Jahren**	**Kinder und Jugendliche bis 17 Jahren**
Je Medieneinheit außer DVD oder Blu-ray Disc	0,50€	0,20€
Je DVD, Blu-ray Disc	1,50€	1,00€
Höchstsatz je Medieneinheit außer DVD oder Blu-ray Disc	10,00€	3,00€
Höchstsatz je DVD, Blu-ray Disc	10,00€	10,00€
Ausnahmen: für einzelne Zeitschriftenhefte, deren Anschaffungspreis unter 3,00 € liegt, beträgt der Höchstsatz pro Zeitschrift	3,00€	
1. Mahnung	2,00€	
2. Mahnung	6,00€	
3. Mahnung (Forderung)	12,00€	

Allgemeine Gebühren

Medienersatz: Anschaffungspreis (AP) gemäß Bücherhallen-Katalog zuzüglich Bearbeitungsgebühr	AP zzgl. 5,00 €
Leihverkehr / Vormerkungen je Medieneinheit	2,00€
Kostenersatz für Anschriftenermittlung	15,00€

Ausleihfristen

eMedien	lizenzabhängig
Je Medieneinheit Buch, Zeitschrift, CD, CD-ROM, Gesellschaftsspiele und Konsolenspiele	4 Wochen
Je Blu-ray Disc, DVD	1 Woche
Bestsellerservice Erwachsene	2 Wochen (**nicht verlängerbar**) 2,50 € pro Exemplar
Gegenstand (Bibliothek der Dinge)	4 Wochen (**nicht verlängerbar**) 1,00 € pro Gegenstand

Medienboten der Bücherhallen Hamburg

Ehrenamtliche Medienboten bringen Menschen, die nicht mobil sind und keine Bücherhalle aufsuchen können, regelmäßig Medien ins Haus oder in eine Senioreneinrichtung. Sie lesen auf Wunsch auch gerne vor. Man braucht lediglich eine Bücherhallen-Kundenkarte (reduzierte Gebühr von 15 Euro pro Jahr). Bei geringen Einkünften kann diese Gebühr im Einzelfall auch unbürokratisch erlassen werden.

Kontakt:

☎ 040 / 43 26 37 83

@ medienboten@buecherhallen.de

https://buecherhallen.de/medienboten

Öffentliche Bücherschränke in Hamburg

In vielen Hamburger Stadtteilen und in den Bussen des HVV gibt es öffentliche Bücherschränke. Das sind schrankähnliche Aufbewahrungsorte für Bücher aller Genres. Hier werden Bücher kostenlos, anonym und ohne jegliche Formalitäten zum Tausch oder zur Mitnahme angeboten. In der Regel sind diese öffentlichen Bücherschränke, ähnlich wie die Tauschkisten, jederzeit zugänglich, aber auch hier wechseln das Angebot und die Standorte manchmal recht kurzfristig. Informieren Sie sich einfach im Internet, ob der Standort des Bücherschranks noch aktuell ist.

Nachfolgend finden Sie eine Liste (Stand September 2020) der öffentlich zugänglichen Bücherkisten:

Stadtteil	seit	Anmerkung	Lage
Alsterdorf	2011	-	Alsterdorfer Damm auf der Brücke über die Alster
Hoheluft-Ost	2011	-	Auf dem Kirchplatz der Kirche St. Markus
Groß Borstel	-	-	Paeplowweg (gegenüber der Einmündung des „Weg Nr. 174")
Harburg	Ende 2016	Zugang zu den Harburg Arcaden an Werktagen von 06:00 bis 20:30 Uhr	Lüneburger Straße 39
Karolinenviertel	2011	Bücherschrank der Keimzelle	Marktstraße/ Laeizstraße

Hummelsbüttel	Mitte 2015	mit Videoüber-wachung	Hummelsbüttler Weg 26
Neugraben-Fischbek	2014	-	Neugrabener Markt 2
Ottensen	Ende 2019	auch CDs und Spiele	Ottensener Hauptstr. 39-41
Poppenbüttel	2015	Zugang, täglich von 08:00-20:00 Uhr, nicht Sonn- und Feiertags, Spenden ausdrücklich erwünscht	Heegbarg 31
St. Pauli	2014	Montag-Samstag 07:00-21:00 Uhr Sonntag 07:00-14:00 Uhr	Rindermarkthalle
Tonndorf	Mitte 2015	-	Tonndorfer Hauptstraße 88
alle Stadtteile	2010	in gut 150 Bussen der VHH, betreut von „Stilbruch"	Busse fast aller Linien, wie Linie 3, 4, 21, 183, 283, usw.

Kostenlose Führungen/Touren für Sparfüchse

Nicht alles, was Spaß macht, muss auch etwas kosten. Eine individuelle Tour durch die Stadt, eine städtebauliche Führung durch die HafenCity oder ein paar spannende Stunden in den NDR Fernsehstudios kosten Sie überhaupt nix.
Das aktuelle Angebot finden Sie unter:
https://www.hamburg.de/kostenlose-fuehrungen/

Quelle: https://pixabay.com

Kostenlose Stadtführungen und Sightseeing

Stadtgeschichte erleben

Jeden Tag um 11:00 Uhr können Sie während einer kostenlosen ca. zweistündigen Stadtführung in 1200 Jahre Stadtgeschichte eintauchen. Der Guide mit gelbem Regenschirm wartet am Haupteingang des Hamburger Rathauses auf interessierte

Teilnehmer. Die Tour durch die historische Altstadt führt an Klein Venedig, den wichtigen Hauptkirchen, der Deichstraße und vielen weiteren Meilensteinen der Hamburger Stadtgeschichte vorbei.

täglich 11:00 bis ca. 13:00 Uhr
Haupteingang des Hamburger Rathauses
https://www.robinandthetourguides.de/de/touren /historische-altstadt

Wer sich außerdem für die vielfältige Geschichte **St.Paulis** interessiert, kommt bei den täglich um 14:00 Uhr stattfindenden Touren voll und ganz auf seine Kosten. Treffpunkt, der ebenfalls kostenlosen Stadtführung, ist die Landungsbrücke 5 neben dem Hardrock Café.
Thematisiert werden unter anderem die wechselhafte Geschichte des Hafens, die Hausbesetzer-Szene der 80er Jahre, sowie das Nachtleben auf St. Pauli.
Der Guide freut sich immer über Spenden.

täglich 14:00 bis ca. 16:00 Uhr
Landungsbrücke 5
https://www.robinandthetourguides.de/de/touren/ hafen-und-st-pauli

Genießen Sie mit einem Hamburg City Pass viele Vorteile! Nicht nur für Touristen eine Alternative.
Mit Ihrem all-inclusive Hamburg City Pass sparen Sie viel Geld. Besuchen Sie die Sehenswürdigkeiten in Hamburg nicht nur mit ermäßigtem Eintritt, sondern ganz ohne Eintritt.
Zu allen Attraktionen im Hamburg City Pass haben Sie kostenfreien Zugang inklusive Nahverkehrsnutzung.

- Geführte Elbphilharmonie Tour (ohne Konzertsäle) ~~19,00 €~~
- Hamburger Kunsthalle ~~14,00 €~~
- Original Hafenrundfahrt ~~18,00 €~~
- Der Michel St. Michaelis-Turm ~~5,00 €~~
- Hamburg Dungeon (inkl. VIP-Einlass, bevorzugter Einlass ohne Anstehen) ~~25,50 €~~
- Panoptikum Wachsfigurenkabinett (inkl. weniger Wartezeit) ~~6,50 €~~
- Stadtrundfahrt Hop-on Hop-off-Bus ~~18,50 €~~
- Museum für Kunst und Gewerbe ~~12,00 €~~
- Automuseum Prototyp ~~10,00 €~~
- Panik City - Udo Lindenbergs Multimedia Erlebnis ~~29,50 €~~
- Alsterrundfahrt mit dem Alsterdampfer ~~15,00€~~
- Schwarzlichtviertel – Ein Highlight für Groß & Klein ~~10,90 €~~

Der Besuch dieser 12 Attraktionen würde Sie bereits regulär **183,90 €** kosten.
Dazu käme der **öffentliche Nahverkehr HVV je Tag mit zusätzlich 9,90 €** (inklusive Schnellbus).

Für den Hamburg City Pass zahlen Sie:

Hamburg-1-Tagespass,
inklusive Bus, Bahn & Fähre und Eintritt zu Attraktionen und Aktivitäten:
Kind (3-14 Jahre) 24,90 €, Jugendlicher (15-17 Jahre) 39,90 €, Erwachsener 44,90 €

Hamburg-2-Tagespass,
inklusive Bus, Bahn & Fähre, Eintritt zu Attraktionen und Aktivitäten und mehr Zeit zum Entdecken von Hamburg:
Kind (3-14 Jahre) 34,90 €, Jugendlicher (15-17 Jahre) 49,90 €, Erwachsener 69,90 €

Hamburg-3-Tagespass,
inklusive Bus, Bahn & Fähre, Eintritt zu Attraktionen und Aktivitäten und entspannt Hamburg erleben und erkunden:
Kind (3-14 Jahre) 47,90 €, Jugendlicher (15-17 Jahre) 59,90 €, Erwachsener 84,90 €

Hamburg-5-Tagespass,
inklusive Bus, Bahn & Fähre, Eintritt zu Attraktionen und Aktivitäten und entspannt Hamburg erleben und erkunden:
Kind (3-14 Jahre) 54,90 €, Jugendlicher (15-17 Jahre) 69,90 €, Erwachsener 109,90 €

Quelle: https://pixabay.com

https://www.turbopass.de/hamburg-city-pass

Sozialkarte des HVV

Der HVV gewährt bei Erwerb einer Sozialkarte einen Preisnachlass von 22,20 Euro pro Monat auf Zeitkarten. Berechtigt sind alle, die ihren ersten Wohnsitz in Hamburg haben und eine der folgenden Unterstützungsleistungen beziehen:

- Arbeitslosengeld II oder Sozialgeld nach SGB II
- Sozialhilfe nach Kapitel 3 des SGB XII
- Grundsicherung im Alter und bei Erwerbsminderung nach Kapitel 4 des SGB XII
- Leistungen nach dem Asylbewerberleistungsgesetz
- Angehörige einer Bedarfsgemeinschaft, die eine der oben genannten Sozialleistungen erhalten
- Alle Mitglieder einer Bedarfsgemeinschaft, Partner und Kinder, wenn sie im gleichen Haushalt leben. Kinder werden bis zur Volljährigkeit berücksichtigt (SGB XII) oder bis zur Vollendung des 25. Lebensjahres (SGB II)

Sie erhalten die vergünstigten Fahrkarten monatlich bei den Servicestellen des HVV.
Die Sozialkarte muss bei team.arbeit.hamburg (Jobcenter) oder beim Amt für Grundsicherung und Soziales beantragt werden.

Quelle: https://pixabay.com

Spezielles Angebot des HVV für Senioren

Wer als älterer Mensch mit öffentlichen Verkehrsmitteln unterwegs ist, der stößt hin und wieder an seine Grenzen. Sei es bei der Bedienung von Fahrkartenautomaten, beim Einstieg in Bus und Bahn mit einem Rollator oder Rollstuhl oder beim Kampf mit dem „Tarifdschungel".
Der HVV bietet für Senioren einen neuen Service an:
Die HVV-Mobilitätsberatung.
Dazu beraten ehrenamtlich engagierte und mit Erfahrungen beim HVV ausgestattete Senioren und Seniorinnen in

kostenfreien Beratungsveranstaltungen Gleichaltrige.
Die Helfer besuchen auf Wunsch Senioreneinrichtungen, kirchliche Gemeindesäle oder Stadtteiltreffs, um über verschiedene Themen des Hamburger Nahverkehrs zu referieren.
Dabei werden Themen angesprochen, wie Fahrkarten, Preise und Automatenbedienung, Sicherheit und Orientierung oder Busfahren mit Rollator/Rollstuhl.
Im Angebot sind auch individuelle Trainingsmaßnahmen für behinderte Menschen, verbunden mit einem Praxistraining vor Ort.
Nachfolgend finden Sie die Kontaktdaten:

https://www.hvv.de/de/senioren

@ senioren@hvv.de

☎ 040 / 68 98 98 68

Dienstag 09:00-12:00 Uhr und
Donnerstag 14:00-17:00 Uhr

Quelle: https://pixabay.com

Stattreisen Hamburg e.V. – Pfade durch die Großstadt

Hier handelt es sich um einen gemeinnützigen Verein, der seit 30 Jahren Stadtrundgänge und Touren in Hamburg durchführt. Unter dem Motto „statt zu reisen" geht es auf ungewöhnlichen Pfaden zu Fuß, per Fahrrad oder mit dem Schiff auf Entdeckungstour durch die Stadt.

Angeboten werden:
thematische Stadtrundgänge, Stadtrallyes, Barkassenfahrten, Fahrradtouren, Kinderprogramme, kulinarische Stadttouren und Musiktouren.

 Stattreisen Hamburg e.V.
Kuhberg 2
20459 Hamburg

☎ 040/870 80 10-0
@ info@stattreisen-hamburg.de
https://www.stattreisen-hamburg.de/

Deutsche Hilfsgemeinschaft e.V.
kostengünstiges Vereisen für Kinder

Die Deutsche Hilfsgemeinschaft bietet in Zusammenarbeit mit der Behörde für Arbeit, Soziales, Familie und Integration, Ferienreisen für Kinder und Jugendliche an.
Mitreisen können in Hamburg wohnende Kinder und Jugendliche im Alter von 8-15 Jahren.
Für eine zweiwöchige Ferienreise beträgt der Reisepreis im Sommer und Herbst 50 Euro, sofern bestimmte Einkommensgrenzen nicht überschritten werden.
Angesprochen sind Geringverdiener, ALG II Empfänger und Pflegekinder.

Tipp: Wenn Sie Empfänger von staatlichen Transferleistungen sind, können Leistungen zur Teilhabe am sozialen und kulturellen Leben (sog. Bildungs- und Teilhabeleistungen) nach SGB II, SGB XII oder § 2 AsylbLG zur Finanzierung des Eltern- und Teilnehmerbeitrages eingesetzt werden. Die Reisen wären dann für die Kinder und Jugendlichen sogar kostenlos.

Deutsche Hilfsgemeinschaft e.V.
Bürgerweide 38
20535 Hamburg
☎ 040 / 250 66 20

 Montag, Dienstag, Donnerstag 10:00-18:00 Uhr
Mittwoch, Freitag 10:00- 14:00 Uhr

Quelle: https://pixabay.com

20 meist kostenlose Freizeitangebote in und um Hamburg

1. Stadtparksee Hamburg

Der Hamburger Stadtparksee lässt sich am besten im Frühjahr und Sommer genießen, verbreitet aber auch zu den anderen Jahreszeiten seinen Reiz. Er liegt mitten im großen Stadtpark von Hamburg, der gerne für Spiel und Spaß genutzt wird.
Hier können Sie folgenden Aktivitäten nachgehen:
- picknicken und/oder mit Freunden/Familie grillen
- Sport treiben (z. B. Volleyball, Joggen, Fußball)

- im Freiluftschwimmbad schwimmen gehen
- am Open-Air-Grill oder im Restaurant des Stadtparks essen gehen
- im Club des Stadtparks tanzen gehen
- und noch vieles mehr

Zum Hamburger Stadtpark gehört auch eine **Freilichtbühne.** Vom Frühling bis in den Herbst hinein finden auf dieser Bühne Live- Konzerte statt.
Für diese Konzerte brauchen Sie in der Regel Eintrittskarten, die nicht immer ganz kostengünstig sind.
Hier ein kleiner Tipp, wie Sie dennoch kostenlos in den Genuss der Konzertveranstaltungen gelangen können:
Der Stadtpark ist sehr weitläufig, die Freilichtbühne nur ein kleiner Teil davon. Da bei diesen Konzerten mit guten Soundanlagen gearbeitet wird, können Sie die Live-Musik in großen Teilen des Stadtparks hören und bei einem spontanen Picknick genießen. Das kann Ihnen niemand verwehren.

An heißen Sommertagen bietet das Naturbad Stadtparksee eine willkommene Abkühlung.

 Naturbad Stadtparksee
Südring 5b
22203 Hamburg

 in der Freibadsaison ab 01.06. in der Zeit von 12:00-20:00 Uhr

Erwachsene	3,20€
Kinder unter 16 Jahren	1,60€
1 Erwachsener + 1 Kind	4,70€
2 Erwachsener + 1 Kind	7,80€
jedes weitere Kind max. 3	1,00€

Quelle: https://pixabay.com

2. Bar am Hafen: Strandperle

Die kleine Bar am Hamburger Hafen ist schon fast eine Institution in Hamburg. Sie verfügt über einen eigenen Naturstrand, an dem es sich herrlich entspannen lässt. Nebenbei können Sie alle möglichen Schiffstypen ein- und auslaufen sehen.

In dieser Bar bekommen Sie kleine Snacks, wie Würstchen und Pommes, sowie eine große Auswahl an gekühlten Getränken. Hier stört es niemanden, wenn Sie Ihre eigenen Getränke mitbringen oder Spaß daran haben, selber für Stimmung durch Ihre Musikdarbietung zu sorgen.

Sie finden die Bar und den Strand sobald Sie die Fischauktionshalle, Große Elbstraße 9, 22767 Hamburg, in Richtung Stadtauswärts hinter sich lassen.

Strandperle
Övelgönne 60
22605 Hamburg

040 / 88 01 112

3. Alsterrundfahrten und Jungfernstieg

Innen- und Außenalster sind in Hamburg die Wasserflächen für Freizeitkapitäne und Wassersportbegeisterte und sie liegen dazu noch mitten in der City.
Zu allen Jahreszeiten werden Ihnen spannende Ausflugsmöglichkeiten mit den Alsterschiffen angeboten. Die Fahrten dauern je nach gebuchter Tour von einer Stunde bis hin zu mehreren Stunden.
Die Alster Touristik bietet Ihnen ein vielfältiges Gruppen- und Individual Reiseprogramm. Es gibt hier sogar noch Alsterschiffe, die mit Dampf betrieben werden.
Auch der Weg in die Innenstadt ist nicht weit, wenn Sie beispielsweise das Rathaus besichtigen möchten oder einfach einmal ausgiebig shoppen gehen möchten.

ATG Alster Touristik GmbH
Jungfernstieg
20354 Hamburg

040 / 35 74 240

Wintermonate: 09:00-17:00 Uhr
Sommermonate: 09:00-20:00 Uhr

Quelle: https://pixabay.com

Hier, weil passend, eine Information zwischendurch: Kostenlos Online in Hamburg

Falls Sie sich irgendwo an der Binnenalster, Nähe Jungfernstieg befinden, dann können Sie über einen Hotspot mit dem Namen *MobyKlick* KOSTENLOS Online gehen. Selbstverständlich ist der Hotspot fast im gesamten Stadtgebiet und darüber hinaus nutzbar.
Und so funktioniert es:

1. Lassen Sie sich die verfügbaren Netzwerke auf Ihrem Smartphone anzeigen. Dort finden Sie ab sofort die WLAN - Verbindung „Mobyklick".

2. Klicken Sie diese an und öffnen eine beliebige Internetseite. Im Hintergrund erfolgt die Umleitung auf das Portal unseres Partners MobyKlick.
3. Dann klicken Sie nur noch auf „Verbinden". Fertig. Sie bleiben dann vier Stunden lang eingeloggt.

☎ 040 / 30 85 10

https://mobyklick.de/karte/

4. Kunsthalle Hamburg

Alle, die an Kunst und Kultur Interesse haben, kommen nicht an der Kunsthalle Hamburg vorbei. Diese liegt direkt am Hauptbahnhof und ist nicht zu übersehen. In jährlich mehrfach wechselnden Ausstellungen lassen sich Kunstwerke aller Stilrichtungen von nationalen und internationalen Künstlern bewundern. Es werden alte Meister, aber auch moderne Kunst gezeigt.
Das Gebäude der Kunsthalle selbst, stellt bereits ein Kunstwerk an sich dar.

Hamburger Kunsthalle
Glockengießerwall 5
20095 Hamburg

☎ 040 / 42 81 31-200

040 / 42 83-409

http://hamburger-kunsthalle.de

info@hamburger-kunsthalle.de

Dienstag – Sonntag 10:00-18:00 Uhr
Donnerstag 18:00-21:00 Uhr
Montag geschlossen

Erwachsene	14,00€
Vergünstigt (Donnerstag)	8,00€
Ermäßigt	8,00€
nochmals reduziert (Do.)	5,00€
Kinder und Jugendliche	freier Eintritt
Gruppen	12,00€
mit Hamburg Card	11,00€
Eintritt in Bibliothek	frei
mit Hamburg City Pass	frei

Quelle: https://pixabay.com

5. Stadtteil Altona

Für viele Besucher Hamburgs ist der Stadtteil Altona immer einen Ausflug wert.
Warum?
Der Stadtteil ist recht bunt und Multikulturell. Hier leben viele Künstler, Familien mit Kindern, Studenten, Arbeiter und Angestellt und viele Menschen mit Migrationshintergrund. Das ergibt eine interessante Mischung, die besonders am Wochenende auf den zahlreich stattfindenden Märkten oder abends in den Clubs, Bars und Kneipen zum Vorschein kommt. Jährlich im Mai/Juni findet für 14 Tage die Altonale statt, ein großes interkulturelles Stadtteilfest, das besonders Familien mit Kindern anspricht und Altona lebendig macht.

✉ altonale GmbH
Große Bergstraße 160
22767 Hamburg
☎ 040 / 39 80 69 70

Ortkundige Tour Guides bieten Interessierten Stadtrundfahrten, bzw. Stadtrundgänge an.
http://okhamburg.de/stadtrundfahrt/ und
http://okhamburg.de/restaurants/

6. Planten un Blomen

Quelle: https://pixabay.com

Planten un Blomen ist eine 47 Hektar Parkanlage und findet sich Mitten in Hamburg. Die Messehallen und der Fernsehturm sind nur einen Steinwurf entfernt.
Besonders im Frühjahr und Sommer ist der Park aufgrund seiner Vielfalt von Blumen und Bäumen einen Besuch wert. Die Blumenlandschaft und der japanisch angelegte Teil in Bonsai Form ist eines der Highlights. Dazu zählen zweifelsfrei auch die kostenlosen Konzerte am Nachmittag und Abend und ausgefallenen Wasserspiele, die besonders in der Dämmerung ein Hingucker sind. Der Eintritt und der Aufenthalt im Park sind kostenlos möglich.
Nachfolgend finden Sie den Park-Plan von Planten un Blomen:
https://plantenunblomen.hamburg.de/parkplan/

Marseiller Str.
20355 Hamburg

040 / 42 85 44 723

Planten un Blomen, Kleine Wallanlagen und Alter Botanischer Garten: täglich, auch an Feiertagen
Januar-März 07:00-20:00 Uhr
April 07:00-22:00 Uhr
Mai-September 07:00-23:00 Uhr
Oktober-Dezember 07:00-20:00 Uhr
Große Wallanlagen: täglich
Januar-April 07:00-22:0 Uhr
Mai-September 07.00-23.00 Uhr
Oktober-Dezember 07:00-22:00 Uhr

7. Museumshafen Övelgönne

Der Museumshafen bietet Seefahrtradition im Kleinen. Es treffen sich echte Nordlicht Originale, die Besuchern von den guten, alten Seemannstagen erzählen und diese manchmal kostenlos auf das Museumsschiff zu einem Gespräch einladen. Im Museumshafen werden alte Boote restauriert und wieder fahrtauglich gemacht. Auch normale Bootsbesitzer haben hier ihre Liegeplätze. In der Hochsaison ist hier Betrieb, Nostalgie und echtes Hamburg-Feeling authentisch erlebbar. Den Museumshafen finden Sie in der Nähe der Hafencity und er kann ganzjährig besucht werden.

Fähranleger Neumühlen
22763 Hamburg

040 / 41 91 27 61

rund um die Uhr, ganzjährig

8. Kampnagel-Fabrik: Kunst & Kultur

Kampnagel ist eine ehemalige Maschinenfabrik in Hamburg-Winterhude, die seit 1982 als Veranstaltungsort für zeitgenössische Kunst genutzt wird.
Hier werden Theaterstücke, Tanzdarbietungen, Musik und Performances auf die Bühne gebracht. Auch Filme werden gezeigt.
Die Aufführungen setzen sich in der Regel kritisch mit gesellschaftlichen Phänomenen auseinander, sind ästhetisch wertvoll und die Eintrittspreise sind für Hamburger Verhältnisse noch sehr moderat. Für viele Veranstaltungen werden zusätzlich noch Vergünstigungen angeboten. Jedes Jahr im August veranstaltet Kampnagel ein internationales Sommerfest. ein Besuch lohnt sich auf jeden Fall:

Jarrestraße 20
22303 Hamburg

040 / 270 949 49

040 / 270 949 11

https://www.kampnagel.de/

tickets@kampnagel.de

Montag bis Freitag 12:00-18:00 Uhr (Kasse)
Montag bis Freitag 10:00-18:00 Uhr (Kartentelefon)

9. Laeiszhalle – ehemals Musikhalle Hamburg

Die Laeiszhalle liegt am Brahmsplatz, fast direkt neben dem Park Planten und Blomen. Die Halle wurde 1908 im neobarocken Stil eingeweiht und besticht durch eine hervorragende Akustik.
Es wird eine breite Palette von Klassik- und Weltmusik

angeboten.
Für die Konzerte gibt es zwei Säle, den Großen Saal mit 2025 Sitzplätzen und einer 1951 eingebauten Orgel und den kleinen Saal mit 640 Plätzen.
Je nach Veranstaltung, sprich Konzert, beginnen die Eintrittspreise bei 7,70 Euro und sind nach oben hin offen.

🏠 Johannes-Brahms-Platz
20355 Hamburg

☎ 040 / 35 76 66 211 (Zentrale)
040 / 35 76 66 666 (Tickets)

@ mail@elbphilharmonie.de und
tickets@elbphilharmonie.de (Tickets)
vermietung@elbphilharmonie.de (Vermietung)

💻 http://www.elbphilharmonie.de oder
https://theater-hamburg.org

Quelle: https://pixabay.com

10. Das Gängeviertel – Eintauchen in die Geschichte

Das Gängeviertel war viele Jahrhunderte lang ein engbebautes Quartier, in dem tausende Menschen auf engstem Raum unter ärmlichsten Bedingungen hausen mussten. Hier brach auch zum letzten Male in Hamburg die Cholera-Epidemie aus. Das war 1892 und führte zum kompletten Abriss und Neuaufbau des Quartiers.

Heute hat sich das Gängeviertel zum Künstlerkollektiv gewandelt, in dem sich Tänzer, Maler, Bildhauer, Musiker, u. a. konzentrieren.

Hier lebt Hamburgs kreatives Potential, das sich auf neues, noch nicht erprobtes Terrain wagt und vieles experimentell ausprobiert. Für alle, die sich für Kunst und Kultur und für Ungewöhnliches interessieren, ist das Gängeviertel einen Besuch wert.

Valentinskamp 28A
20355 Hamburg

Dienstag-Sonntag 10:00-17:00 Uhr

040 / 53 02 26 99

https://das-gaengeviertel.info/

11. Tipps: Hamburg mit Kindern günstig erleben

Im Frühling und Sommer bietet die Stadt Hamburg eine Vielzahl an kostenlosen oder kostengünstigen Aktivitäten für Familien an.

Es gibt zahllose kleine und große Parkanlagen für Spaß, Spiel und Grillvergnügen. Dazu Wassersportmöglichkeiten an Alster und Elbe und wenn das Wetter einmal nicht mitspielen sollte, diverse Freizeithallen, wie das Rabbatz, die Kletter- und die

Tobehallen.
Hier folgen ein paar Anregungen für Sie:

- Skating, auch mit Longbards am Jungfernstieg
- Radfahren mit der Familie und mit Freunden auf den vielen ausgebauten Radwegen in Hamburg. Gerade das flache Profil der Stadt, ohne große Hügel und Täler macht auch Kindern das Radfahren leicht. Wer kein Rad zur Verfügung hat, kann sich bei **Stadtrad Hamburg** ein solches kostengünstig leihen (Die erste halbe Stunden ist bei jedem Leihvorgang jeweils kostenlos).
- den grünen Ring rund um Hamburg erkunden, von einer Parkanlage in die nächste zu Fuß oder per Fahrrad (Gesamtstrecke knapp 100 Kilometer, einmal jährlich im Frühjahr findet der Megamarsch statt, eine 24 Stunden Wanderung über die 100 km des grünen Rings)
- Schwimmbadpässe und Sommerprogramme (Ferienprogramm) für Familien mit kleinem Geldbeutel
- ungezählte öffentliche und private Ausflugsziele mit günstigen Eintrittspreisen für Kinder. Einige Veranstalter erheben auch keinen Eintrittspreis, je nach Alter der Besucher und/oder der Art des Events.

12. Hagenbecks Tierpark

Der Tierpark wurde 1863 von Carl Hagenbek gegründet und ist heute gerade für Kinder ein sehr beliebtes Ausflugsziel. Seit 2007 ist ein großes Tropen-Aquarium hinzugekommen.
Da der Tierpark sehr weitläufig ist und viele Attraktionen bietet, sollten Sie bei einem Besuch viel Zeit mitbringen.
Zudem sind die Eintrittspreise für Familien mit kleinem Geldbeutel nicht gerade niedrig. Verpflegung und Getränke bringen Sie am besten selber mit, wenn Sie nicht so viel Geld in

den Restaurantbetrieben oder Kiosken ausgeben möchten. Das aktuelle Programm und auch Sonderveranstaltungen finden Sie auf der Homepage: *https://hagenbeck.de/de/*

Eintrittspreise (September 2020):
Tierpark: Erwachsene: 22 Euro,
Kinder (4 bis 16 Jahre): 17 Euro
Tropen-Aquarium: Erwachsene: 16 Euro,
Kinder (4 bis 16 Jahre): 12 Euro
Preise für Kombikarten (Tierpark + Aquarium):
Erwachsene: 34 Euro,
Kinder (4 bis 16 Jahre): 25 Euro

Öffnungszeiten:
Tierpark: 29. Februar - 24.Oktober 09:00-18:00 Uhr
25. Oktober 2020 - 26. Februar 2021: 09:00 bis 16:30 Uhr Heiligabend und Silvester: 09:00 bis 13:00 Uhr
Fütterungszeiten: täglich 11:00, 12:00 Uhr, 13:30 und 15:00 Uhr, finden derzeit nicht statt
Tropen-Aquarium: täglich 09:00 bis 18:00 Uhr
Heiligabend und Silvester: 09:00 bis 13:00 Uhr
Bitte beachten Sie: Die Kassen schließen eine Stunde vor Ende der ausgewiesenen Öffnungszeiten.

🏠 Tierpark Hagenbek
Lokstedter Grenzstraße 2
22527 Hamburg
☎ 040 / 53 00 33-0
🖷 040 / 53 00 33-341

@ info@hagenbek.de

Quelle: https://pixabay.com

13. Maritimes Museum in der Hafencity

Machen Sie eine Reise durch 3000 Jahre Seefahrtgeschichte. Hamburg, Elbe und Meer gehören einfach zusammen.
Von den Anfänger der Seefahrt bis zu den Auswanderungswellen wird alles gezeigt. Wandern Sie an einem Tag durch viele historische Epochen. Diese werden Ihnen greifbar gemacht durch viel Anschauungsmaterial wie historische Globen, Seekarten, Sextanten, Kompasse, Morsegeräte, Signalbücher und vieles mehr.
Nach oder vor dem Besuch des Museums können Sie sich auch gleich den neuesten Stadtteil Hamburgs anschauen: Die

Hafencity.
Das Museum ist täglich von 10:00 bis 18:00 Uhr geöffnet.

Die Eintrittspreise (Stand September 2020) sind moderat:
Erwachsener: 13,00 €
Kleinfamilie: 1 Erwachsener + max. 4 Kinder (6-16 Jahre) 15,00 €
Familien: 2 Erwachsene + max. 4 Kinder (6-16 Jahre) 27,00 €
Schüler, Studenten, Rentner, Erwerbslose: 9,50 €
Jugendlicher (6-17 Jahre): 9,50 €
Kind (6-17 Jahre): 9,50 €

 Internationales Maritimes Museum Hamburg
Kauspeicher B
Koreastraße 1
20457 Hamburg
geöffnet: täglich 10:00-18:00 Uhr
040 / 300 92 30-0
040 / 300 92 30-45
info@imm-hamburg.de
https://www.imm-hamburg.de

14. Beachclubs

In Hamburg gibt es, wie in vielen anderen größeren Städten, einige Beach Clubs.
Besonders im Sommer mit den langen, warmen Abenden werden diese gerne angesteuert. Man trifft sich, tauscht sich aus, macht gemeinsam Musik oder betätigt sich sportlich. Nebenbei lässt sich das eine oder andere Getränk genießen und in den Sonnenuntergang blicken.

Es gibt nicht nur teure und hippe Bars, sondern auch günstige und versteckt liegende Orte.
Bitte erkundigen Sie sich über Ort und Preise im Voraus.
Nachfolgend finden Sie eine kleine Auswahl der Strand Klubs in Hamburg:

StrandPauli – Der Klassiker
Hamburgs bekanntester Beach Club mitten im Herzen des Hamburger Hafens finden Sie an den Landungsbrücken. Hier sind Arbeiter, Angestellte, sowie Familien und Touristen gleichermaßen willkommen.
Der Andrang ist in der Hochsaison groß.
Eine Reservierung bei Gruppengrößen von mehr als 15 Personen ist daher auf jeden Fall notwendig.

St. Pauli Hafenstraße 89
20359 Hamburg

040 / 22613105

Hamburg Del Mar
Neben dem viel größeren Strand Klub StrandPauli liegt die geräumige Del Mar Strandbar. Familien mit Kinder sind genauso erwünscht wie Hundeliebhaber.
Die Preise sind moderat und Ihre Bestellungen werden schnell abgearbeitet.

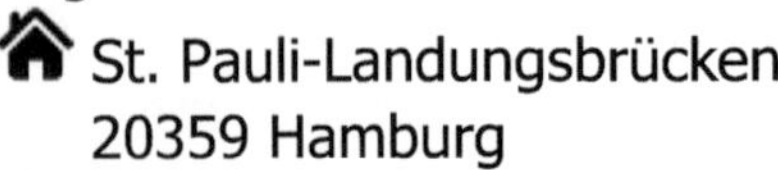
St. Pauli-Landungsbrücken
20359 Hamburg

040 / 43180072

Sky & Sand Beachclub Hamburg
Wer sich nach einem anstrengenden Arbeitstag entspannen möchte, tut dies am besten im Sky & Sand Beachclub

im „Hamburger Meile Einkaufszentrum" ganz oben auf dem Dach.
Sie haben richtig gehört: Es ist immer noch ein kleiner Geheimtipp, aber lohnenswert. Der Blick, die Ruhe mitten in der Stadt, sowie die Füße im Sand eines Parkhauses im Einkaufszentrum, sind einfach zu verlockend.
Die Preise gehören leider in die gehobene Kategorie, aber wenn Sie sich auf ein Getränk beschränken, sollte dies durchaus manchmal machbar sein.

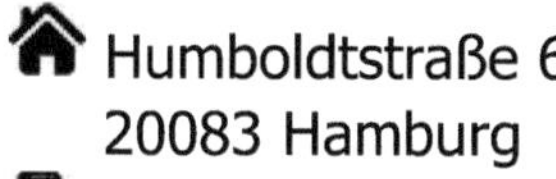

Humboldtstraße 6
20083 Hamburg

0174 / 9066690

Montag-Sonntag 12:00-23:00 Uhr

Veritas oder Harbourtours Beach Club

Harburg, Veritaskai 5
21079 Hamburg

040 / 7962845

Montag-Donnerstag 11:00-13:00 Uhr und 15:00-23:00 Uhr
Freitag-Sonntag 11:00-23:00 Uhr

Central Park Hamburg

Das Schanzenviertel bietet mit dem Central Park Strand Club einen typischen Szene Beach-Club, der auch in Berlin Kreuzberg stehen könnte. Familien, sowie Studenten und Rucksacktouristen sind hier häufig anzutreffen.

Max-Brauer-Allee 277
22769 Hamburg

040 / 433684

Montag-Donnerstag 14:00-23:00 Uhr

Freitag 14:00-00:00 Uhr
Samstag 11:00-00:00 Uhr
Sonntag 11:00-23:00 Uhr

HCBC Hamburg City Beach Club

🏠 Bei den St. Pauli-Landungsbrücken
20359 Hamburg

☎ 040 / 98 76 51 55

📅 meist ab 12:00 Uhr oder 14:00-23:00 Uhr, je nach Wetterlage und Saison *(ohne Gewähr)*

Quelle: https://pixabay.com

15. Kleine Speicherstadt, Kanalfahrt

Die Speicherstadt, unmittelbar im neuen Stadtteil Hafencity gelegen, war jahrzehntelang Speicherort für Kaffee und andere Überseeerzeugnisse, bis der Container die altherbrachte Beförderung von Waren in Säcken und Kisten als Stückgut überflüssig gemacht hat.

Mit dem Bau der Speicherstadt wurde 1883 begonnen und das ganze Ensemble aus rotem Backstein steht heute als 40. deutsches UNESCO-Weltkulturerbe unter Denkmalschutz.

Heute wird dort nicht mehr an der Kaffeebörse um Preise gerungen, sondern es entsteht ein Stadtteil für internationale Unternehmen und für kreative Menschen. Hier ist der modernste Containerterminal Europas zu Hause.

Die Gebäude in der Speicherstadt beherbergen eine Vielzahl an Freizeitangeboten, wie das bei Groß und Klein beliebte Miniatur Wunderland oder das Speicherstadtmuseum, in dem man sich über

die Geschichte der heutigen Welterbe-Stätte informieren kann, bevor man sie selbst erkundet. In den Räumlichkeiten des Hamburg Dungeon kann eine gespenstische Reise durch die hamburgische Geschichte unternommen werden. Das Deutsche Zollmuseum, das die Geschichte des Zolls und Schmuggels wiedergibt, das Internationale Maritime Museum mit tausenden von Schiffsmodellen und Seekarten, oder das Automuseum Prototyp mit PS-Raritäten aus 70 Jahren Automobilhistorie sind stets einen Besuch wert. Bei einem Besuch in der Kaffeerösterei kann in einem ehemaligen Original-Kaffee-Speicher mehr über die Welt der dunklen Bohne erfahren und sogar frisch gebrühter Kaffee aus unterschiedlichen Ländern verköstigt werden.

Die Speicherstadt lässt sich am besten mit einer Barkassenfahrt erleben.

Sie erreichen die Speicherstadt über die U1, Ausstieg Meßberg und U3, Ausstieg Baumwall, dann überqueren Sie die Brücken entweder über den Binnenhafen oder den Zollkanal und schon gelangen Sie in die Speicherstadt. Übrigens haben Sie hier auch die Möglichkeit, den ersten autonom fahrenden Bus auf seiner Versuchsstrecke zu beobachten und als Fahrgast eventuell sogar mitzufahren.

16. Alter Elbtunnel

Der alte Elbtunnel mit einer Länge von 426 Metern verbindet die Landungsbrücken und Steinwerder miteinander und war ursprünglich als Verbindungsweg für die Hafen- und Werftarbeiter zu ihren Arbeitsplätzen gedacht.
Er wurde 1911 eröffnet und stellte damals eine technische Meisterleistung dar. Nun ist der alte Elbtunnel in die Jahre gekommen und wird aufwendig saniert. Die Oströhre ist bereits fertiggestellt und kann zu Fuß oder per Fahrrad durchquert werden. Die Weströhre ist seit Juni 2019 gesperrt. Wann diese wiedereröffnet wird, steht noch nicht fest.
Autos können den Tunnel bis auf weiteres nicht mehr nutzen, für Fußgänger und Fahrradfahrer ist er rund um die Uhr durchquerbar. Die gläsernen Personenaufzüge sind 24 Stunden in Betrieb, die Lastenaufzüge Montag bis Freitag von 06:00-20:00 Uhr und am Wochenende von 10:00-18:00 Uhr.

Alter Elbtunnel
Bei den St. Pauli Landungsbrücken
20359 Hamburg

https://www.hamburg.de/alter-elbtunnel/

Quelle: https://pixabay.com

17. Lange Reihe – Die bezahlbare Gourmetmeile

Ein Hotspot in Sachen internationale Küche und alternative kleine Läden ist die Lange Reihe gleich hinter dem Hamburger Hauptbahnhof im Stadtteil St- Georg.
Diese Straße ist bunt, quirlig, lebendig und häufig auch ein bisschen schräg und zu jeder Tageszeit gut bis sehr gut besucht. Allerdings hat der Besuch in der Corona-Krise deutlich abgenommen. Auch fehlen zur Zeit die Touristen.

Eine kleine Auswahl der Läden in der Langen Reihe:
Ethno-Mode und Mangoholz-Möbel sind seit 25 Jahren bei Himalaya zu finden. Im Kunsthaus Koppel 66 kann man Kunsthandwerk wie z. B. Schmuck, Schuhe oder edle Füller und Stifte direkt beim Künstler kaufen. Anzüge, die wie eine zweite Haut sitzen, schneidern Dünforth & Wulff. Der Kunde kann dabei den Anzug mitdesignen. Dafür stehen alleine 4000 Stoffmuster zur Auswahl.
Der Concept Store Cream wartet mit Streetwear und einer großen Auswahl an Sneakers von schlicht bis schrill auf. Was

die Hansestadt zu bieten hat und wie kreativ lokale Designer sind, erlebt man im Kaufhaus Hamburg in der Langen Reihe 70. Wer ein einzigartiges Geschenk mit Lokalkolorit sucht, wird hier sicherlich fündig.
Bei Tibetan Lama Art finden Sie importierte Kunst aus Fernost. Poster, Postkarten, Pappschachteln und eine Menge witziger Geschenkideen gibt es im Blendwerk.

Hier eine Auswahl in Sachen internationale Küche:
Es gibt hier nicht nur indische Küche (Restaurant Gobinda), sondern auch Pizza & Pasta (z. B. Casa Nostra). Im Café Gnosa bekommt man sehr guten Kuchen, in der gemütlichen Kneipe Frau Möller ein kühles Bier. Vasco da Gama steht für spanische und portugiesische Küche. Mit Burgern in unterschiedlichsten Varianten werden Gäste bei Hans im Glück im Gebäude der Turnhalle und Otto's Burger versorgt.
💻 *https://www.hamburg.de/lange-reihe/*

18. Deichtorhallen – Kunst und Kultur für Einsteiger

Quelle: https://pixabay.com

In den Deichtorhallen werden alle Kunstliebhaber fündig, die sich für moderne Kunst und Fotografie interessieren. Die Deichtorhallen zählen zu den großen Ausstellungshäusern für zeitgenössische Kunst und Fotografie in Europa. Die beiden historischen Hallen mit ihrer offenen Stahlglasarchitektur wurden von 1911 bis 1913 erbaut. Sie stehen in der Nähe der Hafencity.

🏠 Deichtorhallen Hamburg
Deichtorstraße 1
20095 Hamburg

☎ 040 / 32 103-200 (Montag 14:00-16:00 Uhr
Mittwoch 09:00-11:00 Uhr
Donnerstag 10:00-12:00 Uhr)

€ Kombiticket City 15,00€
Regulär 12,00€
Ermäßigt 7,00€
Kinder und Jugendliche unter 18 Jahren freier Eintritt

Dienstag bis Sonntag 11:00-18:00 Uhr
@ besucherbuero@deichtorhallen.de
https://www.deichtorhallen.de/

19. Museum für Hamburgische Geschichte

Wer sich über die Geschichte Hamburgs informieren möchte, der ist im Museum für Hamburgische Geschichte gut aufgehoben. Die Zeitspanne reicht von der Gründung Hamburgs im 9. Jahrhundert mit der Hammaburg, über die Hafengründung, das Mittelalter, die Neuzeit bis hinein in die Gegenwart.
Die Reste der Hammaburg lassen sich übrigens in der Nähe von Radio Hamburg am Speersort besichtigen.
Zusammengefasst erleben Sie hier Stadtgeschichte auf den Punkt gebracht.

Museum für Hamburgische Geschichte
Holstenwall 24
20355 Hamburg

040 / 428 132 100
@ info@mgh.shmh.de
https://shmh.de/de/museum-fuer-hamburgische-geschichte
Montag 10:00-17:00 Uhr
Mittwoch bis Freitag 10:00-17:00 Uhr
Samstag und Sonntag 10:00-18:00 Uhr

 Erwachsene 9,50 €, ermäßigt: 6,00 €
Gruppenkarte (ab 10 Personen) pro Person: 7,00 €
Kinder und Jugendliche unter 18 Jahren, Studenten bis 30 Jahre, Auszubildende, Arbeitslose, ALG II Empfänger, Schwerbehinderte und Inhaber der Hamburg Card frei!
Jahreskarte der Historischen Museen Hamburg: 48,00 €
(freier Eintritt in alle 7 Museen der Historische Museen Hamburg innerhalb eines Jahres)

Quelle: https://pixabay.com

20. Hamburger Dom

Der Hamburger DOM ist ein Volksfest in Hamburg. Er findet in der Regel dreimal im Jahr für jeweils vier Wochen auf dem Heiligengeistfeld im Stadtteil Sankt Pauli statt.
Es zieht Millionen von Besuchern aus der Metropole sowie aus

ganz Deutschland und Europa an. Seine Hauptattraktionen sind Fahr- und Belustigungsgeschäfte.
Von attraktiven Fahrgeschäften bis kinderfreundlichen Angeboten und Losverkaufsbuden ist hier alles zu finden. Mittwochs ist Familientag mit reduzierten Preisen und jeden Samstag gibt es ein großes Höhenfeuerwerk.

Warum heißt das Hamburger Volksfest DOM?
Die Geschichte des Hamburger Doms begann bereits im 11. Jahrhundert als Markthändler und Gaukler vergeblich in Winterzeiten nach einem sicheren Ort für ihren Warenverkauf und für ihre Quacksalberei suchten.
Sie fanden ihn, dank des Erzbistums, schließlich im Mariendom, daher der Name DOM. Jahrhunderte später verweigerte jedoch ein Erzbischof den Schaustellern den Zugang, was der katholischen Gemeinde jedoch missfiel.
Dieser Umstand führte zur innerstädtischen Wanderschaft zu den noch heute bekannten Marktplätzen wie den Großneumarkt, den Gänsemarkt oder den Pferdemarkt, da der Erzbischof 1337 nur den Winterdom den Händlern und Gauklern erlaubte.
Über 500 Jahre später, genau 1893, bekamen die Schausteller auf dem heutigen Heiligengeistfeld auf Sankt Pauli ihr Refugium.

Hamburger DOM Termine gibt es seitdem für den:

- **Sommerdom**, auch als *Hummelfest* bekannt,
- **Winterdom** (Dommarkt) sowie der
- **Frühlingsdom** (Frühlingsmarkt) von mehr als 260 Event Ausstellern und über 100 Gastronomen erfolgreich ausgetragen.

Das protestantische Norddeutschland, verdankt es also der kleinen katholischen Minderheit hier, dass es das größte Volksfest austragen darf.

Hier sind die geplanten nächsten Termine:
Frühlingsdom: 26. März 2021 – 25. April 2021
Sommerdom: 30. Juli 2021 – 29. August 2021
Winterdom. 05.November 2021 – 05. Dezember 2021
Frühlingsdom: 25. März 2022 – 22. April 2022
Sommerdom: 22. Juli 2022 – 21. August 2022
Winterdom: 04. November 2022 – 04. Dezember 2022

Öffnungszeiten Hamburger DOM 2021/22
Montag – Donnerstag: 15:00 – 23:00 Uhr
Freitag – Samstag: 15:00 – 24:00 Uhr
Sonntag: 14:00 – 23:00 Uhr
https://www.hamburg.de/dom

Kostenlose Museen für Kinder und Jugendliche

Kunst und Geschichte gibt es kostenlos zum Anfassen. In vielen Museen dürfen Kinder und Jugendliche bis zum Alter von 17, meist jedoch 18 Jahren, viele Museen kostenlos besuchen.
Zu den teilnehmende Museen gehören:

Altonaer Museum (Kinder und Jugendliche frei)
Das Altonaer Museum bietet eine Vielzahl an Angeboten für Kinder und ist Heimat des Kinderbuchhauses. Dort sind in regelmäßigen Ausstellungen Originalillustrationen aus Kinder- und Jugendbüchern zu sehen. Neben den Ausstellungen gibt es Lesungen und Buchwerkstätten, bei denen die Kinder Buchkultur erleben können.

Mit dem Kinderolymp bietet das Altonaer Museum ein zweites Ausstellungsangebot speziell für Kinder an. Dort ist die klassische Museumsregel "Nicht anfassen!" außer Kraft gesetzt. Das Berühren der Exponate ist ausdrücklich erlaubt. Interaktiv und spielerisch gehen die Kinder durch die wechselnden Ausstellungen und lernen durch Ausprobieren.

Neben diesen beiden Angeboten gibt es im Altonaer Museum regelmäßige Familienführungen, Märchenlesungen oder Malstunden.

🏠	Museumstr. 23, 22765 Hamburg ☎ 040 / 428 135 0 @ info@am.shmh.de 💻 https://shmh.de/altonaer-museum

	Montag 10:00-17:00 Uhr Mittwoch-Freitag 10:00-17:00 Uhr Samstag-Sonntag 10:00-18:00 Uhr

Bischofsturm (Eintritt frei)
Ein interessantes Bodendenkmal Hamburgs ist der Bischofsturm am Domplatz im Untergeschoss des St. Petri-Hofes.

Das ringförmige Turmfundament aus dem 12. Jahrhundert hat 19 Meter Durchmesser und ist das älteste erhaltene Steingebäude der Hamburger Altstadt. Gegenüber der St. Petri-Kirche, tief unter dem heutigen Straßenniveau gelegen, präsentiert sich das historische Turmfundament. Es wurde restauriert und beherbergt eine moderne Ausstellung.

	Speersort 10 (Eingang „Dat Backhus", 20095 Hamburg 040 / 428 712 497 info@amh.de https://amh.de/standorte/bischofsturm/
	Montag-Samstag 07:00-20:00 Uhr

Bucerius Kunstforum (Kinder und Jugendliche frei)
Unmittelbar neben dem Rathaus am Alten Wall gelegen, zeigt das Bucerius Kunst Forum jährlich vier Ausstellungen mit Kunstwerken zu Themen von der Antike bis zur Gegenwart. Es werden im Laufe der Jahre nach und nach alle Stilrichtungen und Kunstepochen aus den umfangreichen Depots geholt und der Besichtigung zugänglich gemacht. Dazu kommen Leihgaben aus allen bedeutenden Museen der Welt.

🏠	Alter Wall 12 20457 Hamburg ☎ 040 / 36 09 96-0 @ info@buceriuskunstforum.de 💻 https://www.buceriuskunstforum.de/
📅	täglich 11:00-19:00 Uhr Donnerstag 11:00-21:00 Uhr

Deichtorhallen Hamburg (Kinder und Jugendliche frei)
Die Deichtorhallen Hamburg sind eines der größten Ausstellungshäuser für zeitgenössische Kunst in Europa. Hier werden moderne Kunstwerke und zeitgenössische Fotografien gezeigt. Es gibt insgesamt drei Standorte:
Die Halle für aktuelle Kunst, das Haus der Photographie im Zentrum Hamburgs, sowie die Sammlung Falckenberg in Hamburg-Harburg.

🏠	Deichtorstr. 1-2 20095 Hamburg, ☎ 040 / 32 10 30 @ mail@deichtorhallen.de 💻 https://www.deichtorhallen.de/
📅	Dienstag-Sonntag 11:00-18:00 Uhr

Geologisch-Paläontologisches Museum (Eintritt frei)
Das Geologisch-Paläontologische Museum gibt mit seiner Ausstellung einen Einblick in die bedeutenden geologischen und paläontologischen Forschungssammlungen der Universität Hamburg. Hier erzählen Fossilien und Sedimente Geschichten über die Entwicklung der Erde und des Lebens.

Zu den Highlights der Ausstellung gehören Saurierfossilien, Bernsteininsekten, Urpferdchen und viele weitere Versteinerungen.
Die Geologie in Hamburgs Umgebung wird ebenso thematisiert wie berühmte Fossillagerstätten Deutschlands. Die Ausstellung vermittelt den Besucherinnen und Besuchern ein grundlegendes Verständnis von geologischen Prozessen, Klimaveränderungen, Evolution und der Entwicklung der Artenvielfalt.

🏠	Bundesstr. 55 20146 Hamburg ☎ 040 / 428 385 009 oder 428 382 276 @ Ulrich.Kotthoff@uni-hamburg.de (Museumsleitung) Daniel.Bein@uni-hamburg.de (Museumspädagogik) 💻 https://www.cenak.uni-hamburg.de/ausstellungen/museum-palaeontologie.html
📅	Montag-Freitag 09:00-18:00 Uhr

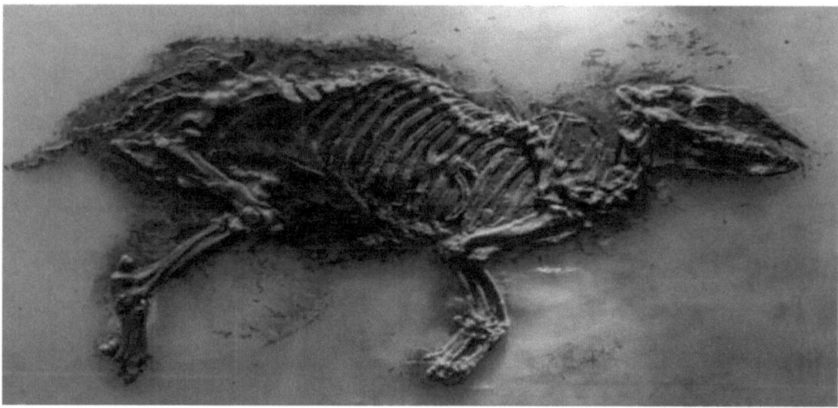
Quelle: https://pixabay.com

Hafenmuseum Hamburg (Kinder und Jugendliche frei)
Im Hafenmuseum, Teil des Museums für Arbeit, haben Kinder die Gelegenheit einmal so richtig Dampf abzulassen. Zu unterschiedlichen Terminen können sie bei der Veranstaltung „Dampf-Kids" die Wirkung von Dampfkraft an verschiedenen technischen Gerätschaften ausprobieren, erforschen und kennenlernen. Auch beim Betrieb der großen historischen Dampfmaschinen auf dem Schwimmkran Saatsee und dem Schutendampfsauger können die Kinder „mitarbeiten".

Im Rahmen der Veranstaltung Sonntagskinder wird Kindern die Möglichkeit geboten beim "Grundkurs Hafen" einen amtlichen Hafenpass zu erwerben. Je nach Thema lernen Kinder dabei alles über die Berufe Maschinist, Hafenarbeiter, Hafentaucher, Lotse oder Schiffbauer.
Es lassen sich auch Kindergeburtstage organisieren und feiern, bei denen die Geburtstagsgäste das „kleine Hafenpatent" ablegen oder in der Schiffsbauwerkstatt ihr eigenes Schiff entwerfen können.

🏠	Kopfbau des Schuppens 50A Australiastraße 22457 Hamburg ☎ 040 / 73 091 184 @ info@museum-der-arbeit-hafenmuseum.de 💻 https://shmh.de/de/hafenmuseum-hamburg
📅	Vom 22.03.2020 bis 31.10.2020 Montag 10:00-17:00 Uhr Mittwoch-Freitag 10:00-17:00 Uhr Samstag-Sonntag 10:00-18:00 Uhr

	Winterpause: Vom 01.11.2020 bis 21.03.2021

Hamburger Kunsthalle
(Kinder und Jugendliche frei)

In der Kunsthalle können Kinder ihre eigene Ausstellung aufbauen.
Im Hamburger Kinderzimmer, eine Idee des dänischen Künstlers Olafur Eliasson, lassen sich aus einem Steckspiel eigene Kunstwerke schaffen. Das „Kinderzimmer" hält aber auch Gemälde zum Erforschen, sowie Rätsel bereit. Von dort aus kann man, ausgestattet mit einer magischen Wanderkarte, auf eine Entdeckungstour durch das Museum gehen. Dabei erforschen Eltern und Kinder die Kunsthalle gemeinsam. Samstags lädt das Museum zur Kinderzeit ein. Hier erforschen Kinder spielerisch die Exponate in der Kunsthalle unter fachkundiger Führung. Das Museum bietet zudem sonntags spezielle Familienführungen an. Ein weiteres Angebot für Kinder sind die Kinder-Malkurse, die im jeweils Februar und im September beginnen.

	Glockengießerwall 5 20095 Hamburg ☎ 040 / 428 131 200 @ info@hamburg-kunsthalle.de https://www.hamburger-kunsthalle.de/
	Dienstag-Sonntag 10:00-18:00 Uhr Donnerstag 10:00-21:00 Uhr

Archäologisches Museum Hamburg
(Kinder und Jugendliche bis 17 Jahre frei)
Das Archäologische Museum bietet im Rahmen der „Sonntagskinder" verschiedenste Aktionen an.
So können sich Kinder zum Beispiel einen Lederbeutel herstellen, sich in Höhlenmalerei versuchen, das Modell eines steinzeitlichen Fellbootes bauen oder aus Lego-Steinen das alte Harburg aufbauen.
Jeden ersten Mittwoch im Monat gibt es im Museum ein spezielles Angebot, bei dem Großeltern zusammen mit ihren Enkeln durch die Ausstellung streifen können. Dazu werden an diversen Terminen viele verschiedene Rundgänge speziell für Kinder angeboten. Bei der Kindersprechstunde können kleine Entdecker jegliche Funde, die sie beim Spielen aufgesammelt haben, bestimmen lassen.

🏠	Museumsplatz 2 21073 Hamburg ☎ 040 / 428 712 497 @ info@amh.de 💻 https://amh.de/
📅	Dienstag-Sonntag 10:00-17:00 Uhr

Jenisch Haus Museum für Kunst und Kultur
(Kinder und Jugendliche frei)
Das Jenisch Haus, der ehemalige Landsitz des Hamburger Senators Martin Johan Jenisch, wurde 1831–1834 nach Entwürfen von Franz Gustav Forsmann und Karl Friedrich Schinkel errichtet.
Gelegen im gleichnamigen Park am Elbufer, zeigt es eine Folge von Sälen, die mit Mobiliar aus der Entstehungszeit, der

Biedermeier Epoche, eingerichtet sind. Hier finden auch die wechselnden Ausstellungen statt.

🏠	Baron-Voigt-Str. 50 22609 Hamburg ☎ 040 / 82 87 90 @ info@am.shmh.de 💻 https://shmh.de/de/jenisch-haus
📅	Montag 10:00-18:00 Uhr Mittwoch-Freitag 11:00-17:00 Uhr Samstag-Sonntag 11:00-18:00 Uhr

Quelle: https://pixabay.com

Kramerwitwenstuben – Kramer-Witwen-Wohnung (Kinder und Jugendliche frei)

Die Kramer-Witwen-Wohnung ist eines der letzten erhaltenen Beispiele für eine typisch hamburgische Wohnhofanlage aus dem 17. Jahrhundert.
Die Wohnungen, die so genannten Krameramtsstuben, wurden für die Witwen der Mitglieder des Krameramts erbaut.
Wer also wissen möchte, wie in man in früheren Zeiten gewohnt hat, der kann eine dieser Wohnungen, ausgestattet im Stil des 19. Jahrhunderts, besichtigen.

🏠	Krayenkamp 10 20459 Hamburg ☎ 040 / 375 019 88 @ info@mhg.shmh.de 💻 https://shmh.de/de/kramer-witwen-wohnung
📅	April bis Oktober Montag 10:00-17:00 Uhr Mittwoch-Sonntag 10:00-17:00Uhr November bis März Samstag und Sonntag 10:00-17:00 Uhr

Mineralogisches Museum der Universität Hamburg (Kinder und Jugendliche frei)

In diesem Museum finden sich irdische und außerirdische Schätze.
Das Mineralogische Museum der Universität Hamburg zeigt eine Auswahl von 1.500 Exponaten.
Bekannte Minerale wie Gold, Silber oder Diamanten sind ebenso

zu sehen wie ein 424 kg schwerer Eisenmeteorit und eine der größten Antimonit-Kristallgruppen der Welt.

🏠	Grindelallee 48 20146 Hamburg, ☎040 / 428 382 058 @ jochen.schlueter@uni-hamburg.de 💻 http://www1.museen.uni-hamburg.de/mineralogie/de/start/index.html
📅	Mittwoch 10:00-18:00 Uhr Sonntag 10:00-17:00 Uhr

Quelle: https://pixabay.com

Museum der Arbeit
(Kinder und Jugendliche frei)

Das Museum der Arbeit hält für Kinder eine Metall- und eine Druckwerkstatt bereit. Dort gibt es jeweils mittwochs und sonntags verschiedene Veranstaltungen. Kinder können hier kleine Zinn-Elefanten herstellen, Buchstaben aus Holz fräsen oder Schmuckstücke, Anhänger oder Medaillen pressen. Ihre Erzeugnisse dürfen sie anschließend mit nach Hause nehmen. In den Ferien erweitert das Museum der Arbeit das Werkstätten-Angebot. Es kann noch mehr gebastelt, gemalt, gefaltet und gedruckt werden.

🏠	Wiesendamm 3 22305 Hamburg ☎ 040 / 428 133 0 @ info@mda.shmh.de 💻 https://shmh.de/de/museum-der-arbeit
📅	Montag 10:00-21:00 Uhr Mittwoch-Freitag 10:00-17:00 Uhr Samstag-Sonntag 10:00-18:00 Uhr

Museum für Bergedorf und Vierlande
(Kinder und Jugendliche frei)

In Bergedorf finden sich folgende Museen:
Das Museum für Bergedorf und die Vierlande im Bergedorfer Schloss, das Freilichtmuseum Rieck Haus in Curslack und das Besucherzentrum Hamburger Sternwarte.
Außerdem koordiniert die Bergedorfer Museumslandschaft den freiwilligen Zusammenschluss der Kultureinrichtungen Bergedorfs unter der Bezeichnung KuLaBe.

🏠	Bergedorfer Schlossstr. 4 21029 Hamburg ☎ 040 / 428 91 25 09 💻 https://www.bergedorfer-museumslandschaft.de
📅	Dienstag-Sonntag 11:30-17:00 Uhr

Hamburg Museum für Geschichte (Kinder und Jugendliche frei)

Die Museumsratte Fitz sorgt im Hamburg Museum für kindgerechte Informationen über die Hamburger Stadtgeschichte und stellt die wichtigsten Exponate des Museums vor.

Auf eigene Faust können sich die Kinder beim Kinderrundgang auf den Weg durch die Ausstellung machen und dabei die Piratentour, die Tour "So lebten sie in Hamburg" oder "Vom Bug bis zum Heck: Schiffe" verfolgen. An 50 ausgewählten Stationen werden dabei wissenswerte und spannende Hintergründe vermittelt.

Einmal im Jahr finden im Hamburg Museum die Hamburger Märchentage statt. Der Termin für 2021 stand bei Redaktionsschluss leider noch nicht fest. Knapp eine Woche lang dreht sich dabei alles um die Welt der Märchen. In vielen verschiedenen Lesungen kann man den Geschichten lauschen.

Auch im Hamburg Museum gibt es das Angebot „Sonntagskinder". Kinder ab fünf Jahren können dabei am offenen Mal- und Bastelangebot teilnehmen. Sonntags finden zudem spezielle Familienführungen statt.

🏠	Holstenwall 24 20355 Hamburg ☎ 040 / 428 132 100 @ info@mhg.shmh.de 💻 https://shmh.de/de/museum-fuer-hamburgische-geschichte
📅	Montag 10:00-17:00 Uhr Mittwoch-Freitag 10:00-17:00 Uhr Samstag-Sonntag 10:00-18:00 Uhr

Quelle: https://pixabay.com

Museum für Kunst und Gewerbe
(Kinder und Jugendliche unter 18 Jahren frei)

Mit dem "Hubertus Wald Kinderreich" hat das Museum für Kunst und Gewerbe eine 250 Quadratmeter große Ausstellungswelt für Kinder geschaffen. Dort betätigen sich die

Kinder spielerisch als Architekten, Designer und Künstler. Sie können formen, erfinden, Trickfilme drehen oder mit Schattenfiguren spielen.
Jeden ersten Sonntag im Monat bietet das Museum zudem eine Kinderzeit mit Veranstaltungen zu verschiedenen Themen an. Es gibt beispielsweise eine Musikwerkstatt, und Kindern wird es ermöglicht, Kostüme aus Luftpolsterfolie zu entwerfen.

🏠	Steintorplatz 20099 Hamburg ☎ 040 / 428 134 880 💻 https://www.mkg-hamburg.de/de/home.html
📅	Dienstag-Sonntag 10:00-18:00 Uhr Donnerstag 10:00-21:00 Uhr

MARKK – Museum am Rothenbaum
(Kinder und Jugendliche unter 18 Jahren, Nachweis erforderlich)

Das Museum für Völkerkunde bietet ein vielfältiges Angebot für Kinder.
In den Ausstellungen lassen sich Fährten lesen oder Rätsel lösen. Regelmäßig finden Termine speziell für Kinder und offene Werkstätten statt, bei denen sie basteln und gestalten können und eine kindgerechte Führung durch das Museum erhalten. Lesungen und Filmvorführungen runden das Kinderangebot im Museum für Völkerkunde ab.
An bestimmten Terminen kann man sogar im Museum übernachten und zusammen mit den Eltern eine Nacht im Tipi-Dorf verbringen.

	Rothenbaumchaussee 64 20148 Hamburg 040 / 428 879-0 info@markk-hamburg.de https://markk-hamburg.de/
	Dienstag-Sonntag 10:00-18:00 Uhr Donnerstag 10:00-21:00 Uhr ab 16:00 Uhr freier Eintritt für alle Besucher

Freilichtmuseum Rieck-Haus Bergedorf
(Kinder und Jugendliche unter 18 Jahren frei)

Das Freilichtmuseum Rieck Haus in Hamburg-Curslack zählt zu den ältesten erhaltenen Bauernhäusern Norddeutschlands.
Die Bauernfamilie Rieck hat hier über mehrere Jahrhunderte gelebt. Die Vier- und Marschlande bieten fruchtbaren Böden und eine gute Lage an der Elbe.
Eine zweisprachige Dauerausstellung zeigt die Kulturgeschichte der Vier- und Marschlande auf hoch- und plattdeutsch.
Teil der Außenanlage sind Schöpfmühle, Getreidespeicher, Schaugarten, Backhaus, Schweinekoben und ein kleiner Spielplatz.

	Curslacker Deich 284 21039 Hamburg 040 / 723 12 23 https://www.bergedorfer-museumslandschaft.de/ueber-uns/rieck-haus
	März bis Oktober Dienstag-Sonntag 10:00-17:00 Uhr

Deutsches Zollmuseum
(Kinder und Jugendliche bis 17 Jahren frei)

Das Deutsche Zollmuseum liegt gut erreichbar in der Hafencity. So zieht es jährlich fast 100.000 Besucher an und hat sich seither einen festen Platz in der Hamburgischen Museumslandschaft erworben.
Im Museum finden regelmäßig, nur nach Voranmeldung, Führungen statt.

🏠	Alter Wandrahm 16 20457 Hamburg ☎ 040 / 300 876 11 @ museum@zoll.de 💻 https://www.zoll.de/DE/Der-Zoll/Zollmuseum/zollmuseum_node.html
📅	Dienstag-Sonntag 10:00-17:00 Uhr

Quelle: https://pixabay.com

Zoologisches Museum
(Kinder und Jugendliche unter 18 Jahren frei)

Das Zoologische Museum Hamburg zeigt mit Präparaten von exotischen und heimischen Tieren einen Teil seiner großen Sammlungsschätze.

Auf rund 2000 Quadratmetern Ausstellungsfläche werden riesige Walskelette, Skelette von Bären und Raubkatzen, von Nashorn und Krokodil, von Wisent und Okapi, sowie Vögel und Insekten präsentiert.

Zu sehen ist außerdem ein einzigartiger Narwalschädel, der aus dem Jahr 1684 stammt und das berühmte NDR-Maskottchen, Walross „Antje".

Die Ausstellung thematisiert für Kinder wie für Erwachsene die Vielfalt der Arten (Biodiversität) und die Entwicklung des Lebens (Evolution).

Im multimedialen Eingangsbereich wird die Rolle des Menschen als derzeit größter Naturgewalt im Zusammenhang von Bevölkerungsentwicklung, Artenschwund und Klimawandel thematisiert.

🏠	Bundesstr. 52 20146 Hamburg ☎ 040 / 428 38-2276 @ info-cenak@uni-hamburg.de 💻 https://www.cenak.uni-hamburg.de/ausstellungen/museum-zoologie.html
📅	Dienstag-Sonntag 10:00-17:00 Uhr

Speicherstadtmuseum
(Kinder unter 6 Jahren frei, sonst 2-3€ pro Kind)
Wo hat der legendäre Pirat Klaus Störtebecker seinen Goldschatz versteckt? Was passiert mit der Speicherstadt bei Ebbe und Flut? Wie haben die Quartiersleute auf den alten Lagerböden gearbeitet?
Alle diese Fragen beantwortet die Entdeckertour für Kinder des Speicherstadtmuseums. Mit Kalle dem kleinen Quartiersmann können Kinder im Museum auf eine Rallye gehen und die Ausstellung auf eigene Faust erkunden. Wer dabei seinen Fragebogen korrekt ausfüllt, wird anschließend selbst zum kleinen Quartiersmann ernannt und erhält eine Urkunde zur Belohnung.

🏠	Am Sandtorkai 36 20457 Hamburg ☎ 040 / 32 11 91 @ info@speicherstadtmuseum.de 💻 https://speicherstadtmuseum.de/
📅	Montag-Freitag 10:00-17:00 Uhr Samstag/Sonntag 10:00-18:00 Uhr November-Februar Montag-Sonntag 10:00-17:00 Uhr

Spicy's Gewürzmuseum
(Kinder bis 3 Jahre frei, 4-14 Jahre 2€, ab 15 Jahre 5€, ermäßigt 4€)
Ein Erlebnismuseum für Jung und Alt ist das Spicy´s Gewürzmuseum in der Speicherstadt.
Auf knapp 350 Quadratmetern lernt man dort viel über die Herstellung von Gewürzen, deren Transport oder ihre

Anwendung. Anhand von antiken Geräten kann der gesamte Prozess vom Anbau bis zum fertigen Produkt nachverfolgt werden. Die Gewürze der Ausstellung können allesamt angefasst, gerochen und probiert werden. Spezielle Führungen für Kinder gibt es zwar nicht, doch die Ausstellung ist für alle Altersstufen ein Erlebnis.
Zu jeder Eintrittskarte gibt es für Kinder bis 14 Jahren ein Tütchen Gummibären dazu. Besucher ab 15 Jahren dürfen ein Tütchen Pfeffer mit nach Hause nehmen.
Aufgrund des Alters des Hauses gibt es keinen Fahrstuhl, das Museum ist also nicht barrierefrei.

	Am Sandtorkai 34 20457 Hamburg 040 / 36 79 89 @ mail@spicys.de https://www.spicys.de/
	Montag-Sonntag 10:00-17:00 Uhr

Quelle: https://pixabay.com

Internationales Maritimes Museum (kleiner Eintritt ab 1,50€ pro Kind, siehe Eintrittspreise auf der Homepage)

Einzelne Sonntage im Jahr (siehe Veranstaltungskalender auf der Homepage) stehen im Internationalen Maritimen Museum im Zeichen der Familie. Zusammen mit den Mitarbeitern des Museums kann nachmittags gebastelt werden. Zudem gibt es wechselnde Führungen, bei denen Kinder viel über das Leben auf See lernen können.

Ein Highlight für Kinder ist auch der Besuch des Schiffssimulators, bei dem man auf der Brücke eines 300 Meter langen Containerschiffs steht und damit in den Hamburger Hafen oder den Hafen von Shanghai einfahren kann. Ein Erlebnis für jedes Kind.

🏠	Kaiserspeicher B Koreastr. 1 20457 Hamburg ☎ 040 / 300 92 30-0 @ info@imm-hamburg.de 💻 https://www.imm-hamburg.de
📅	Montag-Sonntags 10:00-18:00 Uhr

Kl!ck - Das Kindermuseum (Eintritt pro Kind ab 4,00€)
Klick – Das Kindermuseum ist eine Museumswelt speziell auf Kinder zugeschnitten. In den verschiedenen Ausstellungen können Kinder mit Versuchen spielerisch die Welt entdecken und erforschen.

Kinder können beispielsweise ihr eigenes Geld drucken und ganz nebenbei viel zur Geschichte des Geldes lernen. Sie können den eigenen Körper erfahren und begreifen, Ur-Großmutters Alltagsleben hautnah erleben oder in die Steinzeit reisen – alles kindgerecht und interaktiv.
Eine museumseigenen Baustelle bietet den Kinder zudem an einmal richtig anzupacken, zu baggern und zu mauern und mit eigenen Händen ein zu Haus errichten.
Der Samstag ist ausschließlich für die Feier von Kindergeburtstagen reserviert. Das Museum hat deshalb für den Publikumsverkehr geschlossen.
Während der Sommerferien wird jährlich ein Ferienprogramm angeboten. Die Kinder werden von 09:00-15:00 Uhr betreut, längere Betreuungszeiten sind nach Absprache möglich. Allerdings ist eine Anmeldung verbindlich erforderlich und ein Unkostenbeitrag von 15,00 € für Essen und Material/Eintrittspreise zu entrichten.

🏠	Achtern Born 127 22549 Hamburg ☎ 040 / 410 99 777 💻 http://www.kindermuseum-hamburg.de/
📅	Montag-Freitag 09:00-18:00 Uhr Sonntag 11:00-18:00 Uhr

Kostenlose Schauproduktion von Bonbons

Von Erdbeere und Apfel bis hin zu Ahoi-Brause und Glücksklee hat der „Bonscheladen Ottensen" eine sehr große Auswahl an verschiedenen Geschmackssorten und Bonbonmischungen anzubieten.

Dank kostenloser Schauproduktionen können Sie sogar live miterleben, wie die Bonbons hergestellt werden.

Immer Dienstag bis Freitag um 16:15 Uhr und Samstag um 14:30 Uhr findet eine der etwa einstündigen Schauproduktionen statt. Hinterher können Sie noch im Laden stöbern und vielleicht die eine oder andere neue Lieblingssorte entdecken und gleich mitnehmen.

Dauer der Schauproduktion: ca. 50 Minuten

🏠	Bonscheladen Ottensen Friedensallee 12 20457 Hamburg ☎ 040 / 415 475 67 @ info@bonscheladen.de 💻 http://www.bonscheladen.de/
📅	Schauproduktion: Dienstag-Freitag 16:15 Uhr

	Samstag 14:30 Uhr Öffnungszeiten: Dienstag-Freitag 11:00-17:00 (18:30) Uhr Samstag 11:00-16:00 Uhr

Quelle: https://pixabay.com

Kostenlose Outdoor-Angebote für Kinder

Spielplatz „Schatzinsel"

Der Spielplatz in der HafenCity ist eine günstige Alternative zu kostenpflichtigen Erlebnis-Spielplätzen. Ein weiterer Pluspunkt ist die zentrale Lage: Nebenan entsteht die HafenCity und wasserseitig können die Kreuzfahrtschiffe (sofern welche gerade ein- oder auslaufen) bewundert werden.
Über die Internetseite *http://spielplatz-hh.de* finden Sie weitere Spielplätze in Hamburg, die etwas mehr bieten, als die üblichen Standardspielplätze. Die Spielplätze werden jeweils in einem Kurzporträt vorgestellt.

🏠	Großer Grasbrook 40 20457 Hamburg ☎ 040 / 374 726-0 @ info@spielplatz-hh.de 💻 http://www.spielplatz-hh.de/frontend/01_home/index.php
📅	Januar bis Dezember frei zugänglich

Quelle: https://pixabay.com

Kinderbauernhof Kirchdorf
Ponys, Ziegen, Perlhühner, Schweine und über 250 Tierarten - auf dem Bauernhof Kirchdorf können Kinder Tiere angucken, streicheln und füttern. Das ganze Erlebnis gibt es vollkommen kostenlos.
Gerade für Stadtkinder, die selten in Berührung mit Haus- und Nutztieren kommen, ist das eine Gelegenheit Tiere zu Gesicht zu bekommen und den Umgang mit ihnen zu erlernen.

	Stübenhofer Weg 19 21109 Hamburg ☎ 040 / 750 84 84 https://kibaho.com/

	Montag-Sonntag 12:00-18:00 Uhr Einlass max. 100 Personen auf einmal

Wasserlichtkonzerte bei Planten un Blomen

Meterhohe Wasserfontänen und bunte Lichter:
Seit Jahren sind die allabendlichen Wasserlichtkonzerte auf dem See von Planten un Blomen ein beeindruckendes Spektakel. Der Park im Herzen der Stadt bietet bei freiem Eintritt ein Erlebnis für Groß und Klein. Besucher können es sich auf den Bänken in der Nähe des Sees oder mit einer Decke auf den Rasenflächen gemütlich machen und die Wasserspiele bewundern. Dazu wird ein wechselndes Musikprogramm geboten (in der Regel ist das Musik vom Band) - so entsteht eine besondere Atmosphäre durch Licht, Wasser und Ton. Vorstellungen gibt es aber nicht nur abends, sondern auch kinderfreundlich tagsüber.
Die Wasserspiele sind täglich um 14:00, 16:00 und um 18:00 Uhr (ohne Musik) sowie mit Musik sonn- und feiertags um 14:00 Uhr zu bestaunen. Die neue Saison beginnt regelmäßig am 01. Mai eines Jahres.
Die Wasserlichtkonzerte am Abend gibt es seit dem 01. Mai 2020 bis zum 01. September 2020 jeden Abend um 22.00 Uhr, ab dem 02. September 2020 ab 21:00 Uhr. Derzeit finden aufgrund der Corona-Krise keine Wasserspiele statt.

	St. Petersburger Str. 20355 Hamburg 040 / 428 544 723 https://plantenunblomen.hamburg.de/wasserlichtkonzerte/
	tägl. ab 14:00 Uhr

Wallanlagen bei Planten un Blomen
Die parkähnliche Grünanlage zwischen Dammtor und St. Pauli, auf dem Gelände der ehemaligen Walldämme und Wassergräben der Stadtbefestigung, bietet für Kinder einige Attraktionen.
Der Spielplatz mit Wasserspielen, einem Kletterhaus mit Rutschen-Turm und großer Sandfläche bietet viel Platz zum Austoben.
In der Töpferstube in den Wallanlagen können Kinder ihre Kreativität und ihr Handwerksgeschick zeigen. Zudem gibt es eine Rollschuhbahn, aus der im Winter die INDOOR Eis-Arena wird. Für Entspannung ist in den weitläufigen Ruhezonen der Wallanlagen gesorgt.

🏠	Holstenwall 30 20355 Hamburg 💻 https://plantenunblomen.hamburg.de/der-park/
📅	Oktober bis April Montag-Sonntag 07:00-22:00 Uhr Mai bis September Montag-Sonntag 07:00-23:00 Uhr Rollschuhbahn April-Oktober täglich 09:00-21:00 Uhr

Wildgehege im Klövensteen
Der Klövensteen ist ein über 500 Hektar großes Waldgebiet an der westlichen Grenze von Hamburg, im Stadtteil Rissen. Es handelt sich um ein beliebtes und leicht erreichbares Naherholungsgebiet. Der Waldspielplatz mit zahlreichen Klettergerüsten und Spielgeräten sowie die großzügigen Picknickplätze und das Wildgehege erfreuen sich bei Kindern

großer Beliebtheit. Dort können nicht nur Rot-, Dam-, Sika, Muffel- und Schwarzwild, sondern auch Wasservögel, Frettchen und Uhus beobachtet werden. Zudem können dort gegen kleines Geld Ponys und Pferde zum Ausritt gemietet werden.

🏠	Sandmoorweg 160 22559 Hamburg Revierförsterei ☎ 040 / 286 676 68 https://www.hamburg.de/altona/wildgehege-kloevensteen/
📅	jederzeit frei zugänglich, sonst Montag-Sonntag 10:00-17:00 Uhr

Quelle: https://pixabay.com

Niendorfer Gehege
Eine Besonderheit des Niendorfer Geheges ist sein alter Baumbestand, der verrät, dass dies ursprünglich ein Park war. Auch dessen Grundstrukturen sind noch erhalten, alte Alleen und Wiesenflächen sind systematisch angelegt. Auf zirka 15 Kilometern Wanderwegen kann der Waldbesucher das Revier kennenlernen.
Für Hunde gibt es ein Freilaufgebiet. Außerdem findet sich im Park ein Ponyhof, auf dem Besucher ihre Kinder reiten lassen können. Im Inneren des Revieres, nahe der ehemaligen Försterei sind in einem Wildgehege Damwild und anderes Wild untergebracht und können besucht werden. Zwei Spielplätze, einer am Bondenwald/Niendorfer Gehege und einer in der Vogt-Kölln-Straße, Liegewiesen und Waldparkplätze, sowie ein Grillplatz laden zum Bleiben ein.

	Niendorfer Gehege 22453 Hamburg, https://www.hamburg.de/niendorfer-gehege/
	täglich

Loki Schmidt Garten (Neuer Botanischer Garten)
Viel zu entdecken gibt es für Kinder und Erwachsene unter anderem in den drei verschiedenen Abteilungen des Loki Schmidt Gartens (früher Botanischer Garten Hamburg). Das Gelände in Klein Flottbek ist aufgeteilt in die Bereiche Pflanzensystematik, Pflanzengeographie und die Abteilung Pflanze und Mensch.
In der ersten Abteilung sind die Pflanzen in der Form eines Ziffernblattes angeordnet und nach ihrer Verwandtschaft im Pflanzenreich gegliedert.
In der zweiten Abteilung befinden sich Gewächse, die eigentlich

in Nordamerika, Eurasien und dem südlichen Südamerika zu Hause sind und in der dritten Abteilung ist ein buntes Mosaik aus Rosenfeldern sowie Bibel- und Giftpflanzen zu sehen.

🏠	Ohnhorststraße 22609 Hamburg, direkt am S-Bahnhof Klein Flottbek Postanschrift: Heesten 10 22609 Hamburg, ☎ 040 / 42816-476 @ Botanischer.Garten@uni-hamburg.de 💻 https://www.bghamburg.de/
📅	Januar und Februar: 09:00 bis 16:00 Uhr März: 09:00 bis 17:00 Uhr April: 09:00 bis 19:00 Uhr Mai bis August: 09:00 bis 20:00 Uhr September: 09:00 bis 19:00 Uhr 1. Oktober bis 24. Oktober: 09:00 bis 18:00 Uhr 25. Oktober bis 30. Dezember: 09:00 bis 16:00 Uhr (außer 24.12. und 31.12. sowie bei Glätte) Der Eintritt ist frei!

Elbstrand

Der Elbstrand in Hamburg ist vor allem etwas für Kinder. An den weiten Strandabschnitten ist viel Platz zum Toben oder Ball spielen. Auch Hunde können sich hier austoben. Dazu kann man die großen Container- und Kreuzfahrtschiffe beobachten, die sich über die Elbe in den Hafen oder hinaus Richtung

Nordsee schieben. Und was für Erwachsene ein romantischer Spaziergang ist, empfinden Kinder vielleicht als einen echten Abenteuerausflug.
Idealer Startpunkt dabei ist der Museumshafen Övelgönne. Von da geht es an den Strand, hin zum alten Schweden, ein riesige Findling, der nicht zu übersehen ist. Weiter kann man bis nach Wedel und dem Willkomhöft (der Schiffsbegrüßungsanlage) laufen.
Von Teufelsbrück aus ist der Rückweg per Fähre über Finkenwerder zurück nach Övelgönne oder bis zu den Landungsbrücken möglich.

Elbinsel Wilhelmsburg
Die Elbinsel zwischen Norder- und Süderelbe ist sehr abwechslungsreich. Der Blick von Wilhelmsburg Richtung Hafen und Zentrum birgt eine ganz andere Perspektive auf die HafenCity, als der Blick von Norden aus.
Im Wilhelmsburger Zentrum gibt es viel zu entdecken. Da wären die Bauten der IBA Hamburg GmbH (Internationale Bauausstellung), wie das Algenhaus mit seiner blubbernden Fassade.
Der große Wilhelmsburger Inselpark - das ehemalige Gelände der Internationalen Gartenschauausstellung - bietet fünf verschiedene Spielplätze.
Auf dem Areal des Spielplatzes "Atlantis" zum Beispiel gibt es viele Geheimnisse zu erkunden, in den "Wüstenwellen" kann im Sand gebuddelt werden und auf dem Wasserspielplatz gibt es an heißen Tagen eine angenehme Abkühlung. Fix abwärts geht es auf der großen Rutsche der "Geheimnisvollen Insel".
Für Bewegung ist auch auf dem LOOP gesorgt. Der 6,5 Kilometer lange Rundkurs auf der Elbinsel bietet viel Platz zum Radfahren, Laufen oder Inline Skaten. Der Weg vom

Wilhelmsburger Zentrum in die freie Natur ist nicht weit. In der Landschaft mit ihren weiträumigen Grünflächen und den Deichanlagen am Ufer von Norder- und Süderelbe finden Sie die Windmühle Johanna mit ihrer hauseigenen Bäckerei und den Kinderbauernhof Kirchdorf.

Anfahrt zur Elbinsel Wilhelmsburg:
Mit öffentlichen Verkehrsmitteln:
Mit der S-Bahnlinie S3/S31 bis Haltestelle Wilhelmsburg.
Mit dem PKW:
Von der Autobahnabfahrt Stillhorn zur Kornweide und links in den Finkenrieker Hauptdeich. Dort kann man am Friedhof parken.

Museumshafen Oevelgönne

Direkt am Fähranleger Neumühlen befindet sich der Museumshafen Oevelgönne.
Dort liegen ausrangierte aber noch fahrtüchtige Schiffe aus den Jahren 1880 bis 1980. Die alten Schiffe haben noch nichts von ihrem Charme verloren. Darunter finden sich Segelschiffe und kohlebefeuerte Dampfschlepper, ein Schwimmkran sowie ein Feuerwehrschiff und ein Polizeiboot. Für Kinder ist es eine besondere Erfahrung, sich anzuschauen, auf was für Schiffen die Seemänner früher über das Wasser geschippert sind.

🏠	Fähranleger Neumühlen 1 22763 Hamburg ☎ 040 / 41 91 27 61 @ infos@museumshafen-oevelgoenne.de 💻 http://www.museumshafen-oevelgoenne.de/
📅	rund um die Uhr

Traditionsschiffhafen HafenCity
Inmitten der Häuserschluchten der HafenCity liegen über 20 historische Schiffe, die über einen Steg im Sandtorhafen aus der Nähe bewundert werden können. Einst galt der Sandtorhafen als fortschrittlichster Hafen der Welt, und er ist der Ursprung des modernen Hamburger Hafens. Nun liegen hier die Traditionsschiffe vor Anker. Im Hafen liegen - wie in Övelgönne - Boote verschiedenster Bauart und Klassen, darunter prächtige Zwei- und Dreimastsegelschiffe, Dampfschiffe, Hochseekutter und ein Zollkreuzer. Alle Schiffe im Hafen können kostenlos besichtigt werden.

	Am Sandtorkai 20457 Hamburg Öffentlichkeitsarbeit: Klaus Pajunk 0176 / 48 10 43 43 @ veranstaltungen@sandtorhafen.de http://www.sandtorhafen.de/
	täglich

Quelle: https://pixabay.com

Kreuzfahrtschiffe und andere Schiffe beobachten

Es gibt kaum einen Tag ohne viel Betrieb auf der Elbe. Große Containerschiffe, Ausflugsdampfer, kleine Barkassen und die HVV-Fähren teilen sich den Wasserweg im Hafen. Immer mal wieder schauen aber auch Kreuzfahrtschiffe in Hamburg vorbei. Ozeanriesen wie die MS Europa, die Anthem of the Seas, die MS Hamburg, die MSC Splendida oder die Queen Mary II bei der Einfahrt in den Hafen zu beobachten, ist immer wieder möglich. Die riesigen Schiffe sind oft höher als so manches Wohnhaus. Entlang der Elbe, vom Elbstrand, über den Altonaer Balkon und den Landungsbrücken, bis zur HafenCity gibt es viele Punkte, von denen man beste Sicht auf die ein- oder ausfahrenden Schiffe hat. In der HafenCity, auf Höhe der Elbphilharmonie kann man zudem dabei sein, wie die Schiffe von den Schleppern gedreht werden.

Aktion „Kids in die Clubs"

Bei dieser Aktion wird Kindern und Jugendlichen die Möglichkeit geboten in einem Sportverein Mitglied werden zu können. Eine Kooperation der Stadt Hamburg und dem Verein des Hamburger Abendblatts „Kinder helfen Kinder" e.V., sowie weiterer Spender finanziert diese Vereinsmitgliedschaften für Kinder und Jugendliche. Die geförderten Kinder und Jugendliche werden somit Mitglied im gewählten Sportverein, ohne weitere Zusatzbeiträge zahlen zu müssen und können somit das Angebot des Vereins kostenfrei nutzen.
Die Förderung über „Kids in die Clubs" wird jeweils bis zum nächstfolgenden 31.Juli gewährt, also bei jetziger Beantragung bis zum 31. Juli eines jeweiligen Jahres, bevor ein neuer Antrag gestellt werden muss.
Die Liste aller an dieser Aktion beteiligten Sportvereine finden Sie unter: *https://www.hamburger-sportjugend.de/*
Bedingungen und Formulare zur Förderung/Antragsstellung finden Sie hier:
https://www.hamburger-sportjugend.de/foerderungen/foerdermoeglichkeiten

Kontakt:

Frau Angelika Seifert

☎ 040 / 419 08 222

@ a.seifert@hamburger-sportjugend.de

Kostenloser Sport für Jugendliche über den Verein Nestwerk e.V.

Nestwerk e.V. ist eine Hamburgische Initiative für Jugendarbeit und bietet Jugendlichen in ihrer Freizeit vielfältige Aktivitäten aus dem Bereich Sport und Musik an.

Sport betreiben lässt sich kostenlos in folgenden Schulturnhallen (Stand September 2020):

Rahlstedt (Sport Allgemein/Boxen)	Dienstag 16:00-20:00 Uhr Freitag 17:00-01:00 Uhr Samstag 14:00-20:00 Uhr Sonntag 12:00-18:00 Uhr	Yes! Sporthalle Ahrenshooper Str. 5-7 22147 Hamburg
Billstedt	Dienstag bis Donnerstag 16:30-20:00 Uhr Sonntag 12:00-18:00 Uhr	Sporthalle der Grundschule Archenholzstr. Archenholzstr. 55 22117 Hamburg
Kirchdorf-Süd	Samstag 14:00-20:00 Uhr Sonntag 12:00-18:00 Uhr	Sporthalle der Stadtteilschule Stübenhofer Weg Stübenhofer Weg 20 21109 Hamburg

Die Termine für Straßenfußballturniere finden Sie auf der Homepage:
https://www.nestwerkev.de/projekte

Kostenlose Indoor-Angebote für Kinder

Kletterturm in der Paul-Gerhardt-Kirche

Klettern in einer Kirche - das ist ungewöhnlich.
Seit Januar 2012 gibt es einen Kletterturm in der Paul-Gerhardt-Kirche. Bis zu zehn Kinder können gleichzeitig in dem Turm klettern. Jeden Mittwoch in der Schulzeit findet zudem von 16:30 bis 18 Uhr ein offener Klettertreff unter der Anleitung einer Trainerin statt.
Kinder und Jugendliche unter 18 Jahren benötigen allerdings die schriftliche Einverständniserklärung ihrer Eltern, bevor sie klettern dürfen.

🏠	Bei der Paul-Gerhardt-Kirche 2 22761 Hamburg ☎ 040 / 890 662 60 @ buero@pgk-altona.de
📅	Mittwoch 16:30-18:00 Uhr

Crazy Bikes St. Pauli

Jeden Montag von 16:00 bis 20:00 Uhr treffen sich Kinder und Jugendliche ab acht Jahren zum kreativen Fahrradschrauben. Reparieren, Verschönern und lackieren der eigenen Fahrräder ist ebenso möglich, wie das Schweißen von fahrenden Kunstobjekten aus Altmetall und Fahrradspenden.
Wer kein eigenes Fahrrad besitzt, kann sich im Crazy Bike Workshop des Centro Sociale selbst eines zusammenbauen.

🏠	Straßenpiraten e.V. Sternstr. 2 20357 Hamburg

	@ info@strassenpiratenev.de https://www.strassenpiratenev.de
	Montag 16:00-20:00 Uhr

Quelle: https://pixabay.com

Bauspielplatz Mümmelmannsberg

Der Bauspielplatz Mümmelmannsberg bietet eine Vielzahl an Aktivitäten für drinnen und draußen.

Während Kinder auf dem Außengelände zum Beispiel Hütten bauen oder im Garten Blumen- und Gemüsebeete anlegen und pflegen können, finden sie in der Werkstatt die Möglichkeit Fahrräder, Inliner oder Skateboards zu reparieren und umzubauen.

Mindestens einmal die Woche wird in der Gruppe für die Platzbesucher gekocht. Zudem gibt es einen großen Raum zum

Spielen und Basteln wenn das Wetter einmal nicht mitspielen sollte.

	Kirchner Weg 22115 Hamburg, 040 / 71 52 005 http://bauspielplatz-muemmelmannsberg.de/
	Dienstag-Freitag 13:30-19:00 Uhr (Sommermonate) Dienstag-Freitag 13:30-18:00 Uhr (Wintermonate) Samstag 11:00-16:00 Uhr

Tollhafen

Die Kinderaktionshalle Tollhafen auf der Veddel hat Kindern bis zu zwölf Jahren viel zu bieten:
Türme und Höhlen bauen, gemeinsam spielen und die Umgebung erkunden.
Mehrmals wöchentlich können hier Kinder kostenlos die "Bewegungsbaustelle" nutzen.

	Sporthalle Veddel Am Zollhafen 5b 20539 Hamburg https://www.buergerstiftung-hamburg.de/projektfoerderung/projekte/tollhafen/		
	Mo	15.00 - 17.00 Uhr	Eltern und Kinder bis zur Vorschule
	Do	15.00 - 17.00 Uhr	Eltern und Kinder bis zur Vorschule

		17.00 - 19.00 Uhr	Schulkinder bis Klasse 5
		19.00 - 21.00 Uhr	Schulkinder ab Klasse 6
	Fr	15.00 - 17.00 Uhr	Eltern und Kinder bis zur Vorschule
	Sa	15.00 - 18.30 Uhr	Eltern, kleine und große Kinder bis Klasse 5
		18.30 - 22.00 Uhr	Schulkinder ab Klasse 6
	So:	14.00 - 16.00 Uhr	Eltern und Kinder bis zur Vorschule
		16.00 - 18.30 Uhr	Eltern, kleine und große Kinder bis Klasse 5
		18.30 - 21.00 Uhr	Schulkinder bis Klasse 6

Achtung: Aufgrund der Corona-Krise haben sich die Öffnungszeiten geändert, bitte erkundigen Sie sich über die Homepage nach den aktuellen Öffnungszeiten.

I-Punkt Skateland

Der Modemacher Thomas Friese engagiert sich zusammen mit der Stadt Hamburg für Kinder und Jugendliche. Daraus ist eine eigens für den Skatesport geschaffene Halle entstanden. Die reine Skatefläche beträgt 1.500 m², die Außenanlage ist 1.800 m² groß. Im Jahr 2004 wurde die Halle erweitert und durch eine Tribüne ergänzt.
Der Eintritt ist unter der Woche frei.
Ausnahme: Freitag bis Sonntag und in den Schulferien
- unter 18 Jahre 3,00€

- ab 18 Jahre 4,00€
- BMX/MTB € 1,00€ zusätzlich

Die Eintrittspreise gelten auch für Zuschauer.

🏠	Spaldingstr. 131 20097 Hamburg, ☎ 040 / 23 44 58 @ contact@i-punktskateland.de https://i-punktskateland.de
📅	Montag-Freitag 15:00-20:00 Uhr Mittwoch und Freitag auch 20:00-24:00 Uhr Samstag-Sonntag 13:00-20:00 Uhr

Quelle: https://pixabay.com

Stadtteilzentren & Bücherhallen
Die Stadtteilzentren in Hamburg bieten immer wieder spannende und kostenlose oder kostengünstige Veranstaltungen an. Es gibt viele Kurse, in denen gebastelt, gemalt oder gewerkelt werden kann. Dabei können Kreativität und handwerkliches Geschick ausgelebt und trainiert werden. Sie finden ein Stadtteilzentrum auch in Ihrer Nähe. Eine Übersicht der Stadteilzentren gibt es **unter:**
https://www.hamburg.de/stadtteilkultur/180520/stadtteilkulturzentren
Auch in den zahlreichen **Bücherhallen und Bibliotheken** der Stadt wird ein interessantes Programm für Kinder geboten. Dieses reicht vom Vorlesen für Kinder über Lesetraining bis zur Hausaufgabenhilfe.

Alle Bücherhallen der Stadt Hamburg finden Sie unter:
https://www.hamburg.de/literatur-bibliotheken-archive/
Wenn Sie auf der Suche nach tagesaktuellen kulturellen Veranstaltungen in Hamburg sind, werden Sie hier fündig:
https://www.hamburg.de/kultur-a-z/
Es werden sowohl kommerzielle, als auch kostengünstige Kulturangebote angezeigt.

Musikprojekt Verein Nestwerk e.V.
Das Musikprojekt Jamliner wird ebenfalls durch den Verein Nestwerk e.V. angeboten.
An fünf Wochentagen fährt jeweils ein Musiker-Team mit dem Bus einen Standort im Stadtgebiet an.
Vormittags arbeitet es dort mit je einer allgemeinbildenden Schule zusammen. Nachmittags gibt es dann ein offenes Angebot für alle Interessierte. Dies allerdings nur während der Schulzeiten und nicht in den Zeiten der Schulferien.

Jamliner I	
Montag	Osdorfer Born Kroonhorst (Geschwister-Scholl-Stadtteilschule, ReBBZ Altona)
Dienstag	St. Pauli Hein-Köllisch-Platz (Stadtteilschule Am Hafen)
Mittwoch	Kirchdorf Süd Marktplatz (Stadteilschule Stübenhofer Weg)
Donnerstag	Steilshoop Verkehrsübungsplatz Gründgenstr. 26 (Stadteilschule Am See Stadtteilschule Helmuth Hübener)
Freitag	Alter Teichweg 200 (Stadtteilschule Alter Teichweg)

Jamliner II	
Montag	Neuwiedenthal Neumoorstück (Stadtteilschule Süderelbe)
Dienstag	Mümmelmannsberg, Kandinskyallee (Stadtteilschule Mümmelmannsberg)
Mittwoch	Jenfeld Jenfeld Haus (Stadtteilschule Max-Schmeling, Bekamp Schule)

Donnerstag	Billstedt Möllner Landstraße (Stadteilschule Öjendorf)
Freitag	Harburg Baererplatz Stadtteilschule Maretstraße, ReBBZ Harburg, Stadteilschule Ehesdorfer Weg)

Termine Stand September 2020

https://www.jamliner.net/tourplan/

Stadtgärtnern in Hamburg (Stand August 2020)

Hier haben Sie die Möglichkeit ohne Garten gärtnerisch aktiv zu werden und selber Obst und Gemüse anzubauen. Die Zahl der öffentlichen Gartenprojekte in Hamburg wächst stetig. In diesem Artikel stelle ich Ihnen zehn aktive Gartenprojekte in Hamburg einmal kurz vor.

1. Gartengruppe Wandsbek

Seit August 2015 trifft sich die Gartengruppe Wandsbek jeden Mittwoch um 15:00 Uhr – um als Nachbarn ein bisschen zusammenzurücken, sich über Themen wie dem nachhaltigen Anbau von Obst und Gemüse zu unterhalten und um gemeinsam zu gärtnern. Die meisten Mitglieder kommen aus Wandsbek. Selbstverständlich sind Interessierte auch aus anderen Stadtteilen willkommen. Bedingung für die Teilnahme an der Gruppe ist ein Interesse am Thema Permakultur. Pestizide oder genveränderte Pflanzen sind in diesem Projekt nicht

erwünscht.
Um mitmachen zu können, ist eine Anmeldung bei Frau Vicky Gumprecht per Telefon erforderlich.

🏠 Dat Klönhus
Eydtkuhnenweg 10d
22407 Hamburg
☎ 040 / 21 11 00 – 66
@ gumprecht@bgfg.de
💻 https://gruenanteil.net/projects/de/gartengruppe-wandsbek

Quelle: https://pixabay.com

2. Fuhlsgarden

Die Mitglieder sind bunt und lustig. Egal, ob jung oder alt, Gartenprofi oder Amateur – jeder ist bei diesem Projekt willkommen.
Von März bis November wird fast jeden Sonntag ab 15:00 Uhr gemeinsam gebuddelt, gebaut, gepflanzt und gepflegt, sofern das Wetter mitspielt.
Am Ende jeder Gartensaison wartet dann ein großes Fest, bei dem die Ernte dann gemeinsam verzehrt wird.

FuhlsGarden
Steilshooper Str. / Ecke Langenfort
22207 Hamburg

@ mitmachen@fuhlsgarden.de

https://www.fuhlsgarden.de

3. Gartendeck St. Pauli

Das bekannteste unter den öffentlichen Garten-Projekten in Hamburg ist das Gartendeck St. Pauli.
Bis vor kurzem wurde auf einer Fläche in der Großen Freiheit gebuddelt und angebaut. Aufgrund von Bauarbeiten musste das Projekt im April 2019 jedoch auf eine Ausweichfläche umziehen. Zu finden ist diese vor dem Hospiz Leuchtfeuer in der Simon-von-Utrecht-Straße 4.
Hier wird für die kommenden Jahre gebuddelt, gepflanzt, geerntet und die Sonne genossen. Für anregende Gespräche findet sich immer Zeit und Gelegenheit.
Getroffen wird sich jeweils Dienstag und Donnerstag in der Zeit von 16:00-19:00 Uhr, sowie Freitag ab 17:00 Uhr mit open End.

Gartendeck St. Pauli
Simon-von- Utrecht-Str. 4
20359 Hamburg

@ info@gartendeck.de
https://www.gartendeck.de/

4. Tomatenretter e. V.

Bei den Tomatenrettern ist der Name Programm. Die Mitglieder des Vereins wollen auf einem Grundstück hinter der Dove-Elbe alte Tomatensorten retten. Damit setzen sie sich für den Erhalt der Artenvielfalt im Gemüseanbau ein. Dafür kommen die Tomatenretter regelmäßig zusammen und kümmern sich um die verschiedenen Tomatenpflanzen, von denen man die meisten Sorten niemals im normalen Handel bekommt.
In der Regel treffen sich alle Tomatenretter immer Samstag ab 13:00 Uhr. Wenn Sie sich unter der Woche treffen wollen ist eine Verabredung über die Mailadresse: info@tomatenretter.de notwendig.

Tomatenretter
Hof vorm Deich
Reitbrooker Hinterdeich 291
21037 Hamburg

https://www.tomatenretter.de/
Kooperationspartner: https://www.vum-querbeet.de/

Quelle: https://pixabay.com

5. Minitopia

Minitopia in Wilhelmsburg ist Hamburgs erste Plattform für urbane Selbstversorgung. Es ist ein Ort zum Experimentieren für alle, die nach einer alternativen Möglichkeit suchen, wie ein unabhängiges Leben mit der Ressourcennutzung vor Ort in Zukunft aussehen kann.
Ein Teilprojekt von Minitopia ist das Urban Gardening.
Ausgebildeter Gärtner ist keiner aus dem Kernteam.
Den Anbau von Gemüse und Obst bringen sich alle selbst bei. Gesucht werden Mitstreiter, die Teil der Gruppe werden und gemeinsam mit anderen lernen möchten, wie man sich in Zukunft vielleicht sogar lokal komplett selber versorgen kann.
Samstag und Sonntag ist der Garten von 13:00-19:00 Uhr zugänglich. Jeden Donnerstag gibt es eine offene

Jugendwerkstatt.
Derzeit ruhen alle Aktivitäten aufgrund der Corona-Krise. Der Garten darf dennoch zum bummeln betreten werden.

Alternation e.V.
Georg-Wilhelm-Str. 322
21107 Hamburg
Stevie@minitopia.de
http://minitopia.hamburg/minitopia

6. Interkultureller Garten Hamburg-Wilhelmsburg e.V.

Der interkulturelle Garten in Wilhelmsburg ist gelebte Völkerverständigung.
Denn die gemeinsame Arbeit im Garten schafft – vor allem mit Migranten, die die deutsche Sprache noch nicht beherrschen – die Möglichkeit, Teil einer Gruppe zu sein, die ein verständnisvolles und tolerantes Miteinander pflegt.
In den Sommermonaten trifft sich die Gruppe immer sonntags ab 15:00 Uhr zum gemeinsamen gärtnern in Hamburg. Junge wie alte Menschen egal welcher Nation sind dabei herzlich willkommen. Die Termine für 2020 finden Sie auf der Homepage.

Interkultureller Garten
Veringstr. 147 (hinter dem Haus)
21107 Hamburg
040 / 20 90 87 84
info@interkgarten.de/
https://interkgarten.de

7. Wurzelwerk

Die Vision des Wurzelwerk:
Das Zusammenwachsen der Menschen in der Stadt. Deshalb wurde das Stadtgarten-Projekt in Hamburg zwar von Studierenden der Universität Hamburg gegründet, richtet sich auch an alle Anwohner des Geländes der Universität Hamburg.
In Hochbeeten und alten Dosen pflanzt das Wurzelwerk-Team hier Gemüse an. Selbstgebaute Möbel aus Paletten laden zum Verweilen und zu Gesprächen ein.
Ein Treffen findet im zweiwöchigen Abstand immer Dienstag ab 18:00 Uhr direkt im Garten und bei schlechtem Wetter im Geomatikum Raum R.803 statt. Der Garten selbst ist rund um die Uhr zugänglich.

Wurzelwerk
Von-Melle-Park
20146 Hamburg
@ wurzelwerkgarten@posteo.de
https://gruenanteil.net/projects/de/wurzelwerk

8. Urban Gardening im Stephanusgarten

Für die Eimsbüttler Nachbarschaftsinitiative Stephanusgarten ist der Straßenrand mehr als eine Abstellfläche für Autos.
Etwa 60 Menschen der Gruppe bringen jedes Jahr aufs Neue unansehnliche Ecken in Eimsbüttel zum Blühen, damit der Stadtteil ein Ort zum Wohlfühlen für alle wird. Seit 2018 dürfen sie zudem die Grünanlage der ehemaligen St. Stephanuskirche zum Stadtgarten-Projekt umgestalten. Das gemeinsame Gärtnern findet jeden Samstag von 13:30-16:00 Uhr statt. Die aktuellen Veranstaltungen

finden Sie auf der Homepage oder auf der Nachbarschaftsplattform „nebenan.de“
Der Garten selbst ist rund um die Uhr geöffnet.

Stephanusgarten
Lutterothstr. 100
20255 Hamburg,
040 / 28 00 27 56
christine@stephanusgarten.de
https://stephanusgarten.de/

Quelle: https://pixabay.com

9. Beet-Club Altona

Der Beet-Club in Altona zeigt, wie viel Gemeinschaft und Stadtgärtnern in Hamburg bewegen kann. 2009 wollte der Energiekonzern Vattenfall eine Fernwärmetrasse für das

Kohlekraftwerk Moorburg durch den Suttnerpark legen. Doch die Bürger wehrten sich und errichteten im friedlichen Protest ein Hochbeet. So retteten sie den Park. Die Zahl der Beete ist seitdem stark gestiegen. Jeder ist herzlich eingeladen, zum Wachsen des Gemeinschaftsgartens beizutragen.
Der Garten liegt im Bertha-von-Suttner-Park – zwischen Wohlerspark und S-Bahn Holstenstraße.
Die Hochbeete stehen auf der Grünfläche zwischen Holstenplatz und Suttnerstraße (gegenüber der Christuskirche).
Willkommen sind hier alle, die Lust haben, einen gemeinsamen Garten anzulegen, Lagerfeuerplätze, eine Spielwiese oder einen Lehmbackofen zu bauen oder einen Hühnerstall einzurichten. Das Ziel ist es, einen Ort zu schaffen, an dem Menschen zusammenkommen um gemeinsam Zeit miteinander zu verbringen. Das gemeinsame Gärtnern findet immer Sonntag ab 14:00 Uhr statt.

Beet-Club Altona
Suttnerstr. 18
22765 Hamburg

@ benjamin_bruno@yahoo.de

https://gruenanteil.net/projects/de/beet-club-altona

10. Bahrenfelder Luthergarten (BaLuGa)

Seit mehreren Jahren betreibt Pastor Björn Begas zusammen mit der Luthergemeinde und zahlreichen Ehrenamtlichen das Gartenprojekt Bahrenfelder Luthergarten.
Die zahlreichen ehemaligen Schrebergärten sind zu einem Grundstück zusammengefasst worden und bilden jetzt eine

große gemeinsame Anbaufläche.
Auf dem ca. 1,5 Hektar großem Gelände finden sich viele Projekte. Dazu gehören die Permakulturgärten, der gemeinschaftlich gestaltete und bewirtschaftete Gemüseanbau, ein Freiluftaltar und die Hütte der Stille. Für die Kinder gibt es die Kinderwildnis und einen Hühner- und Taubenstall.
Eine rote Kate dient als Notunterkunft für Flüchtlinge, eine grüne Kate als Teeküche und Toilette und eine weiße Kate als Lagerraum.
Der Luthergarten ist für alle geeignet, die am gemeinsamen Gärtnern
Freude haben, Feste feiern möchten oder einfach in freier Natur zusammen kommen möchten.
In der Saison ist der Garten grundsätzlich jederzeit zugänglich. Da die Gartenpforte aber abgeschlossen sein kann, melden Sie sich bitte bei Pastor Björn Begas an, der dann für den Zugang sorgt.

BaLuGa Bahrenfeld
Holstenkamp 82
22525 Hamburg

040 / 89 26 82

begas@lutherkirche.net

https://www.lutherkirche.net/page/4257/luthergarten

Notizen: